Heiko Krimmer

Die Botschaft
buchstabieren

Wie sieht missionarische Gemeinde aus?

Gemeinde-
Bibel-
Unterricht eV

Herausgeber:
Arbeitsgemeinschaft Gemeinde-Bibel-Unterricht e. V.
Neuhausen, BRD

Alleinauslieferung:
Hänssler-Barsortiment
Postfach 1220
7303 Neuhausen – Stuttgart

CIP-Kurztitelaufnahme der Deutschen Bibliothek

Krimmer, Heiko:
Die Botschaft buchstabieren : wie sieht missio=
nar. Gemeinde aus / Heiko Krimmer. Hrsg.:
Arbeitsgemeinschaft Gemeinde-Bibel-Unterricht e.V. Neuhausen.
– Neuhausen-Stuttgart : Hänssler, 1983.
   ISBN 3-7751-0854-8

ISBN 3-7751-0854-8

Bestell-Nr. 54.463
© Copyright 1983 by Arbeitsgemeinschaft Gemeinde-Bibel-Unterricht e.V.,
Neuhausen, BRD
Umschlaggestaltung: Daniel Dolmetsch
Satz: studiodruck, Nürtingen-Raidwangen
Druck: St.-Johannis-Druckerei, Lahr-Dinglingen

**Der evangelischen Kirchengemeinde Holzgerlingen
im Dank
für sechs erfüllte Jahre**

Inhaltsverzeichnis

BEGLEITWORT der AG für Gemeinde-Bibel-Unterricht (GBU)

Wir freuen uns, mit diesem Arbeitsheft den GBU-Freunden Gesprächshilfen vorzulegen, die sich auf Brennpunkte des NT konzentrieren. Das »Holzgerlinger Modell« bietet für Haus- und Gemeindebibelkreise eine kräftige, gesunde geistliche Kost.

Gewiß lassen sich die Ausarbeitungen vielseitig anwenden. Wer im Sinne von GBU damit arbeiten möchte, dem sei folgende Methode empfohlen: Die Arbeitshefte sollten zunächst nur die Gruppenleiter als Vorbereitungshilfe besitzen. Die Arbeitsblätter (ohne Ergebnisse) können aus diesem Buch entnommen und vervielfältigt werden. Die Beteiligten empfangen das Arbeitsblatt jeweils für die nächste Besprechung. Dabei müßte zu intensiver persönlicher Vorbereitung für das Bibelgespräch ermuntert werden. Erst beim Gruppengespräch sollten die Gesprächsleiter Inhalte des Ergebnisblattes und der Auslegung ergänzend weitergeben. Nach Abschluß des gesamten »Bibelkurses« empfiehlt man dann dieses Buch allen Teilnehmern zum nochmaligen Überarbeiten des Gelernten.

Viel Freude beim Arbeiten mit diesem Material wünscht Ihre AG für Gemeinde-Bibel-Unterricht.

Für den Vorstand
gez. H. Masuch

Vorwort

Die zehn Arbeitseinheiten mit der Bibel entstanden in einem lebendigen Bibelseminar in der Kirchengemeinde Holzgerlingen. Bis zu 100 Christen arbeiteten dabei zweimal im Monat im Winter 1980/81 sehr engagiert mit. Dabei kamen sie zu den zehn Abenden schon wohlvorbereitet durch das Arbeitsblatt, und die Gespräche vertieften die eigenen Gedanken erstaunlich. Es war eine Freude mit so wachen und bereiten Christen an der Bibel zu arbeiten. Ich selber habe an diesen Abenden mitgelernt und danke allen Brüdern und Schwestern in Holzgerlingen ganz herzlich für diese gelebte Gemeinschaft im Wort Gottes.

Nun wollen wir die Ergebnisse unserer Arbeit auch anderen Christen zugänglich machen, damit aber auch Mut zur eigenen Arbeit mit dem biblischen Wort. Die Arbeitsblätter könnten solch ein Einstieg in die Bibelarbeit sein. Wir wünschen uns, daß dieses »Holzgerlinger Modell«, BAK = Biblischer Arbeitskreis genannt, Nachahmer findet.

Jeder Christ ist zum Zeugen Jesu Christi berufen; nicht jeder hauptamtlich, aber jeder vollzeitlich. Zu solchem Zeugendienst aber brauchen wir eine Ausbildung, müssen wir gelehrt sein durch das Evangelium. »Alles, was ich euch geboten habe«, so sagt der auferstandene Christus zu seinen Jüngern, wenn er ihr Zeugnis inhaltlich bestimmt. Beides wollen diese Arbeiten mit der Bibel: einmal den Inhalt unseres Zeugnisses bestimmen und zum anderen auch die Formen, in denen solches Zeugnis zu geschehen hat, von der Bibel her aufweisen.

Ich wünsche mir viele wache und hörende Bibel-Arbeiter.

Heiko Krimmer

Arbeitsblatt zu Markus 1,14–20: Die Berufung der ersten Jünger

1. Der Aufbau des Textes

a) Kurze Nacherzählung

b) Die Teile des Textes

c) Wo liegt der Höhepunkt?

2. Fragen zum Text

a) Was geschah mit Johannes?

b) Was bedeuten die einzelnen Namen im Deutschen?

c) Wie wurde damals gefischt?

3. Theologische Fragen

a) Was meint »die Zeit ist erfüllt« (Vers 15)?

b) Welcher Begriff des Alten Testamentes steht hinter
»Reich Gottes«?

c) Was meint der Ausdruck »Menschenfischer«?

4. Kennzeichen der Boten Jesu Christi

a)

b)

c)

d)

5. Mission und Evangelisation heißt nach Markus 1,14–20

Arbeitsblatt zu Markus 4,1–20:
Gleichnis vom vierfachen Ackerfeld

1. Der Aufbau des Textes

a) Kurze Nacherzählung

b) Die Teile des Textes

c) Wo liegt der Höhepunkt?

2. Fragen zum Text

a) Was ist ein Gleichnis?

b) Wie wurde zur Zeit Jesu das Feld bestellt?

c) Warum gab es damals Fels, Dornen und Weg auf einem Acker?

3. Theologische Fragen

a) Warum redet Jesus in Gleichnissen?

b) Was heißt »das Wort annehmen« (V. 20)?

c) Was meint »Geheimnis des Reiches Gottes« (V. 11)?

d) Was ist im Neuen Testament »drinnen« und »draußen« (V. 11)?

4. Kennzeichen der Boten Jesu Christi

a)

b)

c)

d)

5. Mission und Evangelisation heißt nach Markus 4,1–20

Arbeitsblatt zu Markus 16,14–20: Der Missionsbefehl

1. Der Aufbau des Textes

a) Kurze Nacherzählung

b) Die Teile des Textes

c) Wo liegt der Höhepunkt?

2. Fragen zum Text

a) Wer ist Maria Magdalena?

b) Was ist »in neuen Zungen reden«?

c) Wo sind die Zeichen aus Vers 17 und 18 wirklich aufgetreten?

3. Theologische Fragen

a) Warum glaubten die Jünger zunächst nicht?

b) Wie gehören Glaube und Taufe zusammen?

c) Gibt es heute noch solche Zeichen?

d) Was heißt »Prediget das Evangelium aller Kreatur«?

4. Kennzeichen der Boten Jesu Christi

a)

b)

c)

d)

5. Mission und Evangelisation heißt nach Markus 16,14–20

Arbeitsblatt zu Apostelgeschichte 1,1–14: Die Beauftragung der Apostel

1. Der Aufbau des Textes

a) Kurze Nacherzählung

b) Die Teile des Textes

c) Wo liegt der Höhepunkt?

2. Fragen zum Text

a) Wer ist Lukas und wer Theophilus?

b) Was ist ein Apostel?

c) Was ist ein Sabbatweg?

3. Theologische Fragen

a) Was unterscheidet das Reich Israel (V. 6) vom Reich Gottes (V. 3)?

b) Was bedeutet »Kraft des Heiligen Geistes«?

c) Was ist die Taufe mit dem Heiligen Geist?

d) Warum bekommen die Jünger den Geist?

4. Kennzeichen der Boten Jesu Christi

a)

b)

c)

5. Mission und Evangelisation heißt nach Apostelgeschichte 1,1–14

Arbeitsblatt zu Apostelgeschichte 2,14–47:
Die Pfingstpredigt des Petrus und ihre Wirkung

1. Der Aufbau des Textes

a) Kurze Nacherzählung

b) Die Teile des Textes

c) Wo liegt der Höhepunkt?

2. Fragen zum Text

a) Wie war die Zeiteinteilung des Tages in Israel (V. 15, 3. Stunde)?

b) Wer ist der Prophet Joel? (V. 17–21)

c) Was heißt »Haus Israel«? (V. 36)

d) Was meint »verkehrtes Geschlecht«? (V. 40)

e) Warum versammeln sich die ersten Christen im Tempel? (V. 46)

3. Theologische Fragen

a) Warum zitiert Petrus Joel?

b) Warum zitiert Petrus David?

c) Was heißt im Neuen Testament »Buße«?

4. Kennzeichen der Boten Jesu Christi

a)

b)

c)

5. Mission und Evangelisation heißt nach Apostelgeschichte 2,14–47

Arbeitsblatt zu Apostelgeschichte 4,1–22:
Der Widerstand der Juden

1. Der Aufbau des Textes

  a) Kurze Nacherzählung

  b) Die Teile des Textes

  c) Wo liegt der Höhepunkt?

2. Fragen zum Text

  a) Wer ist der Hauptmann des Tempels? (V. 1)

  b) Wer konnte Hohepriester sein?

  c) Was ist der Hohe Rat?

3. Theologische Fragen

a) Wo liegt die Gefahr für die Jünger bei ihren Wundertaten?

b) Was meint »in dem Namen Jesu Christi«? (vgl. V. 7 mit V. 10–11)

c) Worin besteht die Spitze der Antwort des Apostels Petrus an den Hohen Rat?

d) Was meint »Freudigkeit« des Petrus und Johannes? (V. 13)

4. Kennzeichen der Boten Jesu Christi

a)

b)

c)

5. Mission und Evangelisation heißt nach Apostelgeschichte 4,1–22

Arbeitsblatt zu Apostelgeschichte 7,1–59:
Die Predigt des Stephanus

1. Der Aufbau des Textes

    a) Kurze Nacherzählung

    b) Die Teile des Textes

    c) Wo liegt der Höhepunkt?

2. Fragen zum Text

    a) Was sind die Stationen Abrahams vor seinem Zug nach Kanaan?
       Warum ist die Aussage des Stephanus erstaunlich?
       (V. 2)

    b) Was ist die Beschneidung?

    c) Was ist das Land Midian? (V. 29)

    d) Woher kommt die »Sitte« des Schuhe-Ausziehens?

    e) Warum wird Stephanus gesteinigt?

3. Theologische Fragen

a) Was heißt »Gott der Herrlichkeit«? (V. 2)

b) Was meint biblische Heilsgeschichte?

c) Was meint V. 53: »Das Gesetz durch der Engel Geschäfte empfangen«?

d) Was sagt das Neue Testament über den Märtyrertod?

4. Kennzeichen der Boten Jesu Christi

a)

b)

c)

5. Mission und Evangelisation heißt nach Apostelgeschichte 7,1–59

Arbeitsblatt zu Apostelgeschichte 8, 1–25:
Der Zauberer Simon

1. Der Aufbau des Textes

a) Kurze Nacherzählung

b) Die Teile des Textes

c) Wo liegt der Höhepunkt?

2. Fragen zum Text

a) Wer ist Philippus?

b) Was ist über das Land Samarien zu sagen?

c) Was ist Zauberei?

3. Theologische Fragen

a) Gibt es einen göttlichen Sinn in der Verfolgung? (vgl. V.1–4)

b) Warum ist in Samaria zur Taufe noch die Handauflegung nötig? (V. 15–17)

c) Wo liegt die Sünde des »gläubigen« Simon?

d) Ist ein Unterschied zwischen »Wort des Herrn« und »Evangelium«? (V. 25)

4. Kennzeichen der Boten Jesu Christi

a)

b)

c)

5. Mission und Evangelisation heißt nach Apostelgeschichte 8, 1–25

Arbeitsblatt zu Apostelgeschichte 9,1–19:
Die Bekehrung des Saulus

1. Der Aufbau des Textes

a) Kurze Nacherzählung

b) Die Teile des Textes

c) Wo liegt der Höhepunkt?

2. Fragen zum Text

a) Was wissen wir über Damaskus?

b) Wo ist noch von solcher Stimme aus dem Himmel berichtet?

c) Was heißt Saulus und was Paulus?

d) Wer ist Ananias?

3. Theologische Fragen

a) Was heißt Kap. 26, V. 14 »Es wird dir schwer werden, wider den Stachel zu löcken«?

b) Was bedeutet die Blindheit und das Fasten V. 9?

c) Geschehen solche direkten Eingriffe Jesu Christi auch noch heute?

d) Wie gehören V. 15 und V. 16 zusammen?

4. Kennzeichen der Boten Jesu Christi

a)

b)

c)

5. Mission und Evangelisation heißt nach Apostelgeschichte 9,1–19:

Arbeitsblatt zu Apostelgeschichte 15, 1–34: Das Evangelium kommt zu den Heiden

1. Der Aufbau des Textes

a) Kurze Nacherzählung

b) Die Teile des Textes

c) Wo liegt der Höhepunkt?

2. Fragen zum Text

a) Welche Ämter gab es in der Jerusalemer Urgemeinde (vgl. V. 2)?

b) Wer ist Barnabas und wer Jakobus?

c) Was meinen die vier »Enthaltungen« in V. 20 (V. 29)?

d) Wer ist Judas und wer Silas?

3. Theologische Fragen

a) Worüber kommt es hier zum Streit?

b) Ist es wirklich ein Streit?

c) Wie wird der »Streit« gelöst?

4. Kennzeichen der Boten Jesu Christi

a)

b)

c)

5. Mission und Evangelisation heißt nach Apostelgeschichte 15,1–34

Ergebnisblatt zu Markus 1,14–20: Die Berufung der ersten Jünger

1. Der Aufbau des Textes

b) Der Text hat drei Teile:
1. V. 14–15: Jesu öffentliche Predigt
2. V. 16–18: Berufung des Simon und Andreas
3. V. 19–20: Berufung des Jakobus und Johannes

Inhaltlich kann man auch so unterteilen:
1. V. 14: Johannes muß abnehmen, Jesus kann wachsen
2. V. 15: Jesus verkündigt das Reich Gottes
3. V. 16–17.19: Jesus beruft Jünger
4. V. 18.20: Sie folgen alsbald

c) Der Höhepunkt des Textes kann in folgendem Satz zusammengefaßt werden: Jesus, der Bringer des Reiches Gottes, sammelt die ersten Jünger als Menschenfischer um sich, nachdem die Zeit erfüllt war.

2. Fragen zum Text

a) *Zu V. 14:* Johannes der Täufer hat seine, ihm von Gott gegebene Aufgabe, der Vorläufer Jesu zu sein, erfüllt und wird preisgegeben. Bildet sein qualvolles Sterben das Leiden des Messias vorab? Ist er auch hier Vorläufer? Menschen, die von Mutterleibe an mit einer besonderen Aufgabe betraut wurden, kennt die Bibel wenige: Simson (Ri 13), Jeremia (Jer 1), Paulus (Gal 1).

b) *Die Namen* geben Aufschluß über das Verhältnis zu Gott. Oft sind es Dankesnamen: Jesus = Gott ist Retter; Simon = Erhörung; Andreas = Mannhaft; Jakobus=Jakob = Nachgeborener, Fersenhalter, übertragen: Betrüger; Zebedäus = Geschenk des Herrn; Johannes = Jahwe ist gnädig.

c) *Zu V. 16–17.19* Fischer hatten einen gefährlichen, kräfteraubenden Beruf wegen der Stürme auf dem See Genezareth. Es gab drei Arten von Netzen: Das Rundnetz, das vom Ufer aus in das Wasser geworfen wurde, das Dreifachnetz, vom Boot gezogen und das 250 Meter lange Schleppnetz, zwischen zwei Booten gespannt.

Die Anfangsbuchstaben des griechischen Wortes für »Fisch« ergaben: Jesus Christus, Gottes Sohn, der Retter. So wurde das Fischbild zum christlichen Erkennungszeichen. Der Fischerring des Papstes geht auf V. 17 zurück.

3. Theologische Fragen

a) *Zu V. 15: »Die Zeit ist erfüllt.«* Zeit meint biblisch immer »Gottes festgesetzte Zeit« (vgl. Lk 1,20; 21,8; Mt 8,29; Mk 13,21; Apg 1,17; Joh 2,4; 2 Tim 4,6): Gott bestimmt die Zeit des Heiles und des Gerichtes. Erfüllt heißt wörtlich: vollgefüllt, das Maß vollmachen. Hier also: Die alttestamentlichen Verheißungen sind in Jesus Christus wahr geworden und verwirklicht.

b) *Dem Begriff »Reich Gottes«* entspricht im Alten Testament das Bekenntnis: Jahwe ist König (vgl. Ps 103,19; 145,11.13; Dan 3,33).

»Reich Gottes« im Neuen Testament ist so kein allgemeiner Begriff, sondern ein personaler Begriff. Deshalb kann genauer übersetzt werden: Reich Gottes = die Königsherrschaft Gottes = In Jesus ist der von Gott eingesetzte König da (vgl. Mt 28,18).

c) *Zu V. 17:* Hinter dem Begriff *»Menschenfischer«* steht die messianische Verheißung aus Hesekiel 47: Das meint die Mission Israels und der gläubigen Gemeinde in der letzten Zeit.

4. Kennzeichen der Boten Jesu Christi

Vier Kennzeichen der Boten Jesu Christi nach Markus 1,4–

20: a) Sie sind Berufene b) Sie folgen alsbald c) Sie verlassen alles d) Sie erhalten einen Auftrag.

5. Mission und Evangelisation heißt nach Markus 1,14–20

Im Auftrag Jesu Christi Menschen zum Gottesreich zu sammeln.

Markus 1,14–20:
Die Berufung der ersten Jünger

»Das Maß ist voll«

»Das Maß ist voll.« Dieser Satz löst in der Regel keine freudigen Erwartungen aus. »Das Maß ist voll« – so begründet vielleicht eine Mutter ihr Strafen gegenüber ihrem ungehorsamen Kind. »Das Maß ist voll« – das heißt doch im Klartext: »Meine Geduld ist erschöpft, nun reicht's mir endgültig. Jetzt ziehe ich andere Saiten auf.«

»Das Maß ist voll!« Steckt nicht etwas von diesem drohenden Unterton auch in dem Bußruf dieses Mannes in der Wüste am Toten Meer, damals um das Jahr 30 n. Chr.? »Es ist schon die Axt den Bäumen an die Wurzel gelegt. Darum, welcher Baum nicht gute Frucht bringt, wird abgehauen und ins Feuer geworfen« (Mt 3,10). Johannes der Täufer nimmt wirklich kein Blatt vor den Mund. In erschreckender Klarheit ruft er die Frommen Israels, ja das ganze Volk zur Umkehr. In der Erwartung des Messias Gottes steckt auch nach jüdischem Verständnis Drohung und Entscheidung. Nun wird Gott seine Verheißungen wahr machen: »er wird seine Tenne fegen und den Weizen in seine Scheune sammeln; aber die Spreu wird er verbrennen mit unauslöschlichem Feuer« (Mt 3,12). Israel sieht und erwartet im Messias auch den Richter. Allzuschnell schleicht sich der Gedanke ein: Gottes Geduld ist erschöpft, er wird jetzt andere Saiten aufziehen. Mit eisernem Besen wird er ausfegen, die Gottlosen, die ungehorsamen Völker der Heiden vernichten oder Israel dienstbar machen. Der Messias wird das Großreich Israel wie zu Zeiten Davids wieder herstellen; Jerusalem wird Zentrum der Weltgeschichte werden, vom Berg Zion aus wird Recht gesprochen werden und klare, eindeutige Ordnungen werden aller Ablehnung und Gottlosigkeit ein Ende machen.

»Das Maß ist voll« – Israel erwartet den Richter Gottes, seinen Messias, in selbstgerechter Hoffnung. Nun werden wir als die Herren der Welt erwiesen, nun wird die Frucht der Erwählung Israels geerntet werden dürfen. »Das Maß ist voll« – Gericht über die Ungläubigen und Bestätigung der Frommen – das ist Israels Wunsch und Sehnen.

»Das Maß ist voll« – freilich, Johannes sieht auch eine andere Erfüllung der Verheißungen Gottes: »Siehe das ist Gottes Lamm, welches der Welt Sünde trägt« (Joh 1,29). Er nimmt die gewaltige Schau des Propheten Jesaja in Kapitel 53 auf: Der Gottesknecht, das Lamm Gottes, wird die Frage der Sünde lösen. Doch wie wird dieses Tragen aussehen? Wird nur Israel aus seinen Sünden gerettet werden? Wie wird der Messias Gottes Gericht und Heil verwirklichen? – Johannes hat keine letzte Klarheit. Er geht aber in ganzem Einsatz in seiner Aufgabe auf: die Vollendung der Geschichte Gottes in der Person seines Messias anzusagen. Er wird das Heil bringen – doch nach dem Gericht?

Johannes ist ein unerschrockener Mahner: »Das Maß ist voll« – so weist er auch den König Herodes auf seine Sünde hin. »Es ist nicht recht, daß du deines Bruders Frau habest.« Er ist bereit, für sein aufdeckendes Zeugnis über die Sünde des Königs auch die Folgen zu tragen. Der Messias wird ihm Recht widerfahren lassen. Seine Aufgabe ist der Bußruf, der die Sünde ungeschminkt beim Namen nennt und jeden, der im aufdeckenden Schreck umkehrt, in der Taufe für die Begegnung mit dem Messias zu versiegeln.

Er will nur Stimme sein, nur Wegbereiter, nur Herold – der Messias selbst aber wird handeln und das Reich Gottes aufrichten. Und Gott handelt. Johannes liegt im Gefängnis, umstellt vom Rachedurst einer öffentlich bloßgestellten Frau, noch geschützt von einem unentschlossenen König. Doch sein Zeugnis wird wahr. Seine Stimme ist verstummt, da wird der Inhalt seines Zeugnisses in überwältigender Klarheit von dem Mann aus Nazareth aufgenommen.

1. Das Maß ist voll – Gottes Reich ist da

»Nachdem aber Johannes gefangen gelegt war, kam Jesus nach Galiläa und predigte das Evangelium Gottes...« (V. 14).

Haben wir uns nicht verhört oder verlesen? In Galiläa? Jeder fromme Jude mußte da ungläubig den Kopf schütteln. In Galiläa? – das ist nicht der Ort für den Messias. Schon diese Ortsangabe ließ große Bedenken gegen die Person und mehr noch gegen den Messiasanspruch Jesu aufkommen. Galiläa, dieses so weit vom Zentrum des Heiles – dem Jerusalemer Tempel – abgelegene Land spielte immer eine untergeordnete Bedeutung in Israel. Galiläa – nur hinter vorgehaltener Hand redete man über dieses unsichere Gebiet: Die Terroristen gegen die Römer hatten dort in den zerklüfteten Bergen ihre Verstecke; von dort aus unternahmen die Zeloten ihre brutalen Überfälle gegen die verhaßten Römer. Galiläa – seine Bewohner zählten zum ungebildeten Volk. Wegen ihres plumpen Dialektes durften sie in keinem offiziellen Gottesdienst in Jerusalem die heiligen Schriften laut vorlesen, solches wäre dem frommen Juden ein Greuel gewesen und eine Entweihung der geheiligten Texte. Galiläa – hier war es schwer, wenn nicht gar unmöglich, als Frommer nach dem Gesetz Gottes zu leben.

»In Galiläa« – damit schon machte sich Jesus in den Augen der Frommen unmöglich. Diese Leute waren kein Umgang für einen Geweihten Gottes. »Was kann aus Nazareth Gutes kommen?« – in diesem Urteil des frommen Nathanael ist das ganze, biblisch, alttestamentlich so gut begründbare Kopfschütteln der frommen Israeliten ausgesprochen.

Doch gerade in Galiläa, dort liegt der Schwerpunkt des Lebens Jesu. Deutet sich nicht schon damit das Gericht über Israel an? Der Messias Gottes meidet das Zentrum des Heils, Jerusalem, die Stadt Gottes, Jerusalem den Hort des rechten Glaubens. Jerusalem, die Unfruchtbare, Jerusalem, das Herz des frommen Widerstandes gegen den Weg der erfüllenden Liebe Gottes.

Doch, gerade in Galiläa – schon in der Ortsangabe bricht das Evangelium, die frohe Botschaft, durch: Der Messias Gottes ignoriert die abgrenzenden Mauern einer selbstgerechten Frömmigkeit. Er ist zu den »Kranken« gekommen und nicht zu den »Gesunden«. Das ist sein gelebtes Evangelium, wie er es unermüdlich in Angebot und Einladung ausgerufen hat:

»Kommet her zu mir alle, die ihr mühselig und beladen seid, ich will euch erquicken.«

Bei den ungebildeten, vom Heil fast ausgesperrten Leuten von Galiläa beginnt der Siegeszug des Reiches Gottes in der Person seines Messias. Sie sind als erste eingeladen. Hier wird deutlich: »Das Maß ist voll« – nicht die erschöpfte Geduld eines richtenden Gottes schreitet nun zur Vernichtung des Versagers, sondern: das Maß ist voll – die grenzenlose Liebe des suchenden Gottes lädt Arme und Entrechtete ein zur endzeitlichen Gemeinschaft im Reiche Gottes.

Das Maß ist voll – nicht das Gericht wird damit endgültig und unausweichlich eingeleitet; vielmehr ist das Erbarmen Gottes nun in der Person seines Heilandes Gestalt geworden und das Angebot des neuen Lebens wird zur greifbaren Wirklichkeit. Das Maß ist voll – das ist nicht die erschreckende Festschreibung der Vernichtung; das ist der heimsuchende Eifer der Liebe Gottes.

Hören wir diese beiden Inhalte des Evangeliums? Stehen wir nicht bis heute oft in der gleichen Gefahr, wie die frommen Juden damals? Haben wir nicht auch Grenzen gezogen, – Menschen aus dem Einzugsbereich des Evangeliums verwiesen, in unseren urteilenden, richtenden Gedanken, die allzuschnell zu unübersteigbaren Schranken werden? Wo liegt denn unser Galiläa? Sind wir noch in der Nachfolge unseres Herrn, der dort zu finden ist, wo Menschen hinter so abschließenden Grenzen leben? Für die Gemeinde Jesu Christi gibt es kein Galiläa mehr. Jesus hat die selbstbewußten, selbstgezogenen Grenzzäune umgelegt. Seine Gemeinde ist an alle gewiesen. Denn – und das ist das zweite – das Maß ist voll, »die Zeit ist erfüllt« –, das soll auch uns in suchender Liebe für jeden Menschen öffnen. Die Fülle der Zeit ist die Fülle der Liebe, die im Evangelium jedem angeboten ist. Der Freudenruf, »das Maß ist voll«, will nicht abschrecken, sondern hereinholen und einladen.

Das alles aber gipfelt in der Person Jesu, des Christus Gottes. Nicht irgendeine unbestimmte Liebe ist in dieser Erfüllung angesprochen. Nein, die Liebe Gottes ist Person geworden in dem Heiland Gottes. »So sehr hat Gott die Welt geliebt, daß er seinen einzigen Sohn dahingab, auf daß alle, die an ihn glauben, nicht verloren gehen, sondern das ewige Leben haben.« Alle abgrenzenden Zäune vom unheiligen Gebiet müssen fallen, denn wo der Heilige Gottes ist, wo er ausgerufen wird, da ist heiliges Land. Gott hat den Tempel verlassen. Er wartet nicht mehr, bis wir kommen – wir können das ja gar nicht. Er ist gekommen! »Er hat besucht und erlöst sein Volk.« – »Das Reich Gottes ist herbeigekommen.« Im König des Reiches ist das Reich selber da. Wieder steht der fromme Jude ratlos, seine Erwartungen gingen in ganz anderer Richtung: Das messianische Gottesreich sah er in Fortsetzung des Großreiches des Königs David. Reich Gottes, das stand für ihn im Horizont einer politischen Erwartung, er erwartete das Reich als geographische Größe: das wieder geeinte Großreich Israel, dem alle Völker huldigen würden, – zwar unter dem Messiaskönig, aber gerade deshalb mächtiger als Rom, weltumspannend in seiner Ordnungspolitik und führend in allen Entscheidungen. Das Reich Gottes war für sie »das Reich unseres Vaters David«, eine Wiederherstellung und endgültige Festigung der Vormachtstellung ihrer Erwählung.

Doch an Jesus wird deutlich: das Reich Gottes ist keine Ortsgröße, sondern eine Personalgröße. Reich Gottes, genauer übersetzt: Königsherrschaft Gottes, das bedeutet nicht eine Einordnung in die Reiche und Herrschaften dieser Welt – »mein Reich ist nicht von dieser Welt« – und ist doch überbietend und beherrschend; das Reich Gottes ist in der Person des Königs Gottes da. Darum kann das Reich nicht in äußeren Formen menschlicher Macht- und Herrschaftsausübung dargestellt werden. Dieses Reich läßt sich nicht eingrenzen in Staatsgrenzen, Zollkontrollen und Hoheitsrechten. Dies Reich tritt nicht in Verhandlungen mit anderen Staaten und Reichen, um sich seinen Platz im politisch-wirtschaftlichen Kräftespiel zu sichern. Dieses Reich führt keine Kriege, um sein Gebiet zu sichern oder gar zu vergrößern. Dieses Reich wird nicht aus den Trümmern besiegter, untergegangener Reiche gebaut. – Das Reich Gottes ist da – ist da in der Gestalt seines Königs Jesus Christus.

»Gott ist König« – der Bekenntnisruf des Alten Testamentes

wird die erfahrbare, mit den menschlichen Sinnen faßbare Wirklichkeit in seinem König Jesus Christus, in diesem Menschen Jesus von Nazareth. Vom König her will dieses Reich begriffen werden. Wer Jesus nicht kennt – anerkennt –, der sieht nichts von diesem Reich. Wer Jesus nicht hat, der hat keinen Teil an seinem Reich. Wer nicht auf Jesus hört, der versteht nichts vom Wesen seines Reiches. Das Reich Gottes läßt sich auf keiner Weltkarte abstecken – wo der König verkündigt wird, da wird sein Reich gebaut. Das Reich Gottes wird vergeblich am Verhandlungstisch der Diplomaten und Staatsmänner gesucht – wo Menschen dem Evangelium glauben, da wächst dieses Reich. Das Reich Gottes spielt keine Rolle im politisch-wirtschaftlichen Ränkespiel. Dort wo Menschen dem folgen, der von sich sagt: »ich bin sanftmütig und von Herzen demütig« – da breitet sich dieses Reich aus. Das Reich Gottes ist kein berechenbarer Machtfaktor in den Kämpfen widerstreitender Herrschaften – wo Menschen im Verzicht und gehorsamen Dienst den Weg des Königs gehen, den Weg der Ohnmacht der Liebe, da erweist dieses Reich seine verändernde Kraft.

Das Reich Gottes ist da. Gott tritt seine Herrschaft an, indem er durch Jesus Christus Menschen zu Bürgern des Reiches beruft. »Das Reich Gottes ist inwendig in euren Herzen«, so richtet Gott seine Herrschaft auf. Darum ruft der König des Reiches unter seine Herrschaft: »Tut Buße und glaubt an das Evangelium.« Dieser König zwingt nicht. Das Maß ist voll – das heißt nicht »jetzt mußt du spuren, ob du willst oder nicht«. Der König lädt ein. Er ruft zu Umkehr und Glauben. So wird man Bürger des Reiches. Es gibt keine Zwangseingliederung. Jeder, der diesen König hört und ihm gehorcht, bekommt Bürgerrecht in seinem Reich. Die Bürger des Reiches Gottes sind Freiwillige, Menschen, die der Ruf des Königs getroffen hat, die umgekehrt sind und ihm ihr ungeteiltes Vertrauen schenken.

Das Reich Gottes ist da – das ist Entscheidungs- und darum auch Scheidungsruf. Unter diesem Angebot der Teilhabe am Reich Gottes bildet sich das »Drinnen« und »Draußen«.

Das Reich Gottes ist da – bis heute ergeht der Ruf des

Königs und sammelt die Bürger des Reiches. Das Reich Gottes ist da – das ist die überwältigende Einladung zur Gemeinschaft mit dem König des Reiches. Das Reich Gottes ist da – droben in Galiläa findet dieser Ruf Gehör.

2. Das Maß ist voll – der Ruf in die Nachfolge ergeht

Die Leute von Galiläa fristeten ein kümmerliches Leben. Sie waren hart arbeitende Bauern und Fischer. Von dem Wenigen, was sie verdienten, wollten viele profitieren. Eine drückende Steuerlast lag auf ihnen: da wollte Rom zu seinem Geld kommen. Riesige Mengen an Getreide mußten zur Versorgung Roms abgegeben werden. Die Steuereinnehmer waren nicht zimperlich, Betrug kennzeichnete ihr Geschäft. Auch der Landesherr mußte seine kostspieligen Bauten finanzieren. In unnachsichtiger Härte erzwang er seine Steuern. Auch das Gesetz forderte sein Recht: die Tempelsteuer und der Zehnte waren jedem Juden heilige Pflicht. Da blieb nicht viel übrig zum Leben.

Doch klagten diese Menschen wenig. In harter Arbeit rangen sie um ihre Existenz. Dabei blieben viele gottesfürchtig, schon ihre Namen erweisen das: Simon = Erhörung; ein Dankesname. Gott hat das Gebet der Eltern um ein Kind erhört. Andreas = der Mannhafte, der Starke; ein Hoffnungsname, mannhaft soll er sein Leben meistern. Jakobus, die griechische Form des Erzvaternamen Jakob. Dessen wörtliche Bedeutung »Fersenhalter« oder übertragen »Übervorteiler« spielte bei dieser Namensgebung wohl kaum mehr eine Rolle, vielmehr drückt sich die Hoffnung der Eltern für ihr Kind darin aus. Er soll ein Gesegneter Gottes werden, wie unser Stammvater Jakob. Zebedäus = Geschenk des Herrn, wieder ein Dankesname – und schließlich Johannes = Gott ist gnädig, Dank und Bitte kennzeichnen diese Namensgebung.

Sie alle waren Fischer. Der fischreiche See Genezareth war ihr Arbeitsplatz. Es war kein idyllischer Beruf, er forderte schon einen ganzen Mann und harten Einsatz. Der See war berüchtigt für seine raschen Wetterumschläge. Wenn die Fallwinde über den See fegten und in wenigen Augenblicken die Wasser durcheinander wirbelten und auftürmten, war höchste Gefahr. Dann konnten auch diese wetterharten, zähen Männer in Angst und Schrecken kommen. Doch sie waren zäh, vertraut mit allen Tücken ihres Berufes. Sie kannten die besonders fischreichen Stellen am See, die besten Zeiten zum ertragreichen Fang – während der Nacht und am frühen Morgen. Sie konnten mit ihrem Handwerkszeug umgehen, hatten gelernt mit geübtem Schwung das Rundnetz vom Ufer aus zu werfen. Die härtere Arbeit des Fischens mit dem Dreifachnetz, vom Boot gezogen, war ertragreicher, und sie arbeiteten auch zusammen, wenn das große 250 Meter lange Schleppnetz, zwischen zwei Booten gespannt, den See durchpflügte. Freilich – manche Nacht arbeiteten sie umsonst; trotz aller Bemühung blieben die Netze leer.

An diese Männer ergeht der Ruf des Königs des Reiches. Hatten sie vorher schon von ihm gehört? »Die Kunde von ihm erscholl durch das ganze Land« – so heißt es öfters in den Evangelien. Unser Text sagt nichts darüber, hier wird nicht psychologisiert, erklärt oder spekuliert. Alles kommt auf diese kurzen Sätze an: »Jesus spricht zu ihnen: Folget mir nach...! Alsbald verließen sie ihre Netze und folgten ihm nach.« Darauf ist alles ausgerichtet – der Ruf ergeht und findet Gehör in unverzüglichem Gehorsam. Wie bei Abraham in 1. Mose 12: Der Herr sprach, Abraham gehorchte und zog aus. Nichts wird über seine Bedenken, Erwägungen, Abschätzungen gesagt; wieder wird weder erklärt noch psychologisch einsichtig gemacht. Der Gehorsam auf den Anruf Gottes, das ist entscheidend.

Solcher Gehorsam auf den Ruf in die Nachfolge – darauf kommt alles an. Hier kann auch mit unseren menschlichen Denk- und Erklärungskategorien nichts erklärt werden. Bekehrung, Berufung, Umkehr – das sind keine menschlich zu erhellenden Möglichkeiten; wer hier erklären und durchleuchten will, der zerredet nur. Wen der Ruf des Königs trifft, der ist nach seinem Gehorsam gefragt. Alle Aufhellungen wie »fromm erzogen«, »psychisch labil«, »psychologisch beeinflußt«, »religiöse Ader« oder gar »manipuliert« greifen viel zu kurz. Solche Umkehr in die Nachfolge ist ein Wunder; ein

Wunder des Heiligen Geistes. Alles andere wird daneben unwichtig.

Nachfolge und Jünger sein, das sind nicht unsere Möglichkeiten. Wir sitzen in der Gefangenschaft unseres bösen Herzens. Wir sind eingespannt in das harte Ringen um unsere äußere und innere Existenz. Wir können nicht folgen, wenn wir nicht gerufen werden. Von uns aus können wir gar nicht auf den Gedanken zur Umkehr kommen, höchstens gute Vorsätze fassen, die dann doch wie Sand zwischen den Fingern zerrinnen. Jesus sagt: »Niemand kommt zu mir, es ziehe ihn denn der Vater.«

Das Maß ist voll, die Zeit ist erfüllt, hier liegt das Wunder der Umkehr vor uns. Gott selbst hat sich aufgemacht und ruft in unsere Gefangenschaften hinein. Er ruft uns heraus in die Freiheit der Nachfolge, heraus in den Neuanfang als Kinder Gottes.

Wo die einladende Stimme des Königs ruft, da ist Umkehr und Neuanfang möglich, sonst nicht. Wir sind vielen Stimmen hörig, die alle Besserung und Glück versprechen und doch nur immer tiefer in die Unfreiheit zwingen. Wir hören auf die Stimmen, die aus uns ertönen und finden nicht heraus. Das ist die neuschaffende Qualität des Rufes Jesu Christi – des verkündigten Wortes Gottes –, es schafft den Freiraum zum Gehorsam.

Wir werden nicht mehr in solchen direkten Begegnungen berufen. Luther sagt in seiner Erklärung zum dritten Artikel »... sondern der Heilige Geist hat uns durch das Evangelium berufen...« Durch das Evangelium, durch das Wort Gottes, ergeht heute der Ruf zur Umkehr, zu Gehorsam und Nachfolge – und *nur* durch das Evangelium. Weder aus eigenem Antrieb, noch durch einen noch so dringenden Willensappell, weder durch Erziehung, noch durch Tradition kommt ein Mensch zur Umkehr – nur durch das Evangelium, durch das den Freiraum der Entscheidung öffnende Wort Gottes.

Deshalb gilt: Wo dieses Wort Gottes nicht mehr gesagt und bezeugt wird, da kann keine Umkehr, keine Nachfolge mehr geschehen. Da bleibt der Mensch bei sich. Wo dieses Wort verkürzt, verfälscht, umgedeutet oder verschwiegen wird, da hat der Mensch keine Freiheit zur Entscheidung mehr. Wo dieses Wort in bloße politische oder soziale Tatanleitung umgemünzt wird, da ändert sich nicht mehr Grundlegendes. Da wird der Bibel ihre einzigartige Aussagekraft genommen, ihr die Spitze und Schärfe abgebrochen, da wird sie eine Stimme unter anderen, eine Stimme, die nicht mehr das sagen kann, was allein not tut.

Das bleibt die Grundaussage: die Einladung und das Angebot des biblischen Wortes. Das ist das erste Wort: »Komm und folge mir nach.« Wo dieser Ruf nicht mehr eindeutig gesagt wird, da werden andere Reiche gebaut, da werden wir anderen Mächten dienstbar; nicht mehr Reich Gottes und nicht mehr der König Gottes sind dann unsere Autorität.

3. Das Maß ist voll – der Auftrag wird gegeben

Hat Zebedäus seinen davoneilenden Söhnen entgeistert nachgestarrt? Hat er sie zurückhalten wollen, an die Sohnespflichten erinnert, gedroht oder resigniert? War im Hause des Brüderpaares Simon und Andreas Wehklagen, Unverständnis oder gar Zorn? Es wird nichts davon berichtet! Wie unter einem ausgrenzenden Scheinwerfer leuchtet das Eine, Wesentliche klar auf: »sie folgten alsbald«. Hier liegt nun ihre erste Bindung. »Wer seine Hand an den Pflug legt und sieht zurück, der ist nicht geschickt zum Reich Gottes.« »Laß die Toten ihre Toten begraben, du aber gehe hin und verkündige das Reich Gottes!« So hart diese Ruferworte Jesu an seine Nachfolger klingen, sie heben diesen unbedingten Gehorsam deutlich hervor.

Haben die vier gefragt: »Wie wird unsere Zukunft aussehen?« Haben sie Sicherheiten verlangt? Ist es ihnen schwer gefallen, den Heimatort, den Beruf und die Familie an zweite Stelle zu rücken? Es wird nichts berichtet. Wir wollen nicht spekulieren, aber uns selber fragen: Wie sieht unser Gehorsam aus? Folgen wir diesem Ruf in ähnlicher Entschiedenheit? Oder sind wir in vielfachen Rücksichtnahmen Nachfolger mit Vorbehalten?

Das Maß ist voll – hier erfüllt sich menschliches Leben. In

der Nachfolge ist mehr als die Sorge um das tägliche Brot. Solche erfüllte Zeit gibt in ganz anderer Weise Aufgaben als der Weg auf der Leiter beruflichen Erfolges. Das Maß ist voll – in der Nachfolge Jesu Christi darf ein Leben Erfüllung finden, da lerne ich das Wort Jesu: »Trachtet am ersten nach dem Reich Gottes und nach seiner Gerechtigkeit, so wird euch das Übrige alles zufallen.« Das Übrige – es verliert nicht seine Wirklichkeit, aber seinen Rang. Die Sorge des täglichen Lebens wird auf ihren Platz verwiesen. Die erste Stelle solchen Nachfolgelebens besetzt nun der Gehorsam gegen Ruf und Auftrag des Königs.

»Ich will euch zu Menschenfischern machen!« Der erwählende Ruf in die Nachfolge ist nie nur individuelle Rettung oder gar Bevorzugung. Das Reich Gottes ist zwar nicht von dieser Welt, aber *in* dieser Welt. Berufung stellt immer in einen Beruf. In seelsorgerlicher Zuwendung und Anknüpfung gibt Jesus seinen ersten Nachfolgern darum ihren Auftrag. Die geübten Fischer sollen weiter im Handwerk bleiben, nur, jetzt unter einem anderen Herrn und mit anderem Ziel.

»Ich will euch zu Menschenfischern machen!« Die Arbeit am See war schwer, die neue Arbeit wird nicht leichter sein. Die Bedrohungen beim Fischfang kamen oft plötzlich und forderten alle Kraft. Auch im neuen Auftrag des Ringens um Menschen bleibt Bedrohung nicht aus. Ihr Fischerhandwerk mußten sie in den langen Jahren erlernen, nun nimmt sie Jesus in seine Schule, um Menschen zum Reich Gottes zu rufen. Die Fische im See sprangen nicht von selbst in die Boote. Mit verschiedenen Methoden, Netzen und Haken und zu verschiedenen Zeiten waren sie unter Mühe zu fangen. Auch der Ruf in das Reich Gottes erfordert viel Anstrengung. Es ist zwar viel zu oberflächlich, beim Auftrag zur Mission und Evangelisation von Methoden zu reden, aber es gehört doch Phantasie dazu, die Phantasie der Liebe. Neben der Predigt und dem Gottesdienst gibt es die Bibelstunde; das Gespräch unter vier Augen ist unentbehrlich. Das persönliche Zeugnis rüttelt andere auf, die evangelistische Großveranstaltung erreicht wieder andere. Der Besuchsdienst sucht Menschen dort auf, wo sie leben. Die Straßenevangelisation bringt manchen zum Halt. Das geschriebene Wort wirkt in der Stille zur Entscheidung. Der klare Ruf zur Bekehrung – unter öffentlichem Heraustreten – war schon vielen Hilfe. Die barmherzige Tat hat viele zum Fragen gebracht. Selbst christlich begründetes politisches Handeln kann Einladung zur Nachfolge sein. Die Methode macht es nicht – wohl aber der Gehorsam gegenüber dem Auftrag des Heiligen Geistes und der werbende Antrieb »auf allerlei Weise etliche zu gewinnen.«

»Ich will euch zu Menschenfischern machen.« Das Netz wird geworfen, das Netz der Liebe Gottes. Wir dürfen als Nachfolger Jesu Christi zu Fischern werden. Allerdings ist hierbei das Netz kein Zwangsinstrument. Das Bild vom Menschenfischer zeigt uns, wie unter ganzem Einsatz und mit wechselndem Mittel Menschen aus dem Meer des Untergangs herausgerettet werden sollen. So wie sich der Fischer abmüht, so müht sich der Bote Jesu Christi ab. So wie die Fischer alle Stellen des Sees durchkämmen – auch die versteckten –, so sind die Zeugen an alle gewiesen. So wie der Fischer manche Nacht vergeblich durcharbeitet, ohne etwas zu fangen und trotzdem seinen Beruf nicht an den Nagel hängt, so wird auch der Menschenfischer unter vergeblicher Arbeit nicht resignieren.

»Ich will euch zu Menschenfischern machen.« Bis jetzt verausgabten die vier ihre Kräfte im Kampf um das tägliche Brot, nun ist ihnen eine andere Aufgabe zugewiesen. Ihre Kraft, ihr Einsatz, Zeit und Geld dienen nun einem unvergleichlich höheren Ziel. Haben sie bis jetzt für sich gesorgt, um ihre Nahrung und Auskommen, so sind sie nun in die Sorge um den anderen gerufen. Sie sehen von sich weg; für sich haben sie ausgesorgt. Ihr Wohl und Heil ist als Nachfolger Jesu Christi, als Bürger des Reiches Gottes vom König selbst garantiert. Sie sind frei für andere. Sie sind dem Grundsatz entnommen: »Jeder ist sich selbst der Nächste«, vielmehr sind sie in barmherziger, suchender Liebe zum Nächsten gewiesen. Das ist Würde und Autorität des Menschenfischers. Der liebende Gott selbst stellt sie an. Er gebraucht sie als seine Botschafter, er setzt sie ein in seinem Dienst. Sie sind »Botschafter an Christi Statt und vermahnen an Christi Statt, lasset euch versöhnen mit Gott«. Ihren Händen ist das Evangelium anvertraut, die einzige Kraft in dieser Welt, die Menschenherzen verwandeln und neumachen kann.

»Ich will euch zu Menschenfischern machen.« Nun steht das ganze Leben des Zeugen unter der Zusage der Vollmacht Gottes, unter der Gabe des Heiligen Geistes, unter der Verheißung der Frucht. »Menschenfischer«, diese Zusage greift die messianische Verheißung von Hesekiel 47 auf: Das messianische Bild von der neuen Welt Gottes, von der künftigen Gottesstadt. Vom Tempel Gottes wird ein Strom entspringen, fischreich, mit gesundem, gesundmachendem, fruchtbaren Wasser, für jeden Fischer das ideale Gewässer. Wo der Strom hin kommt, wird die Welt gesunden. Unter dieser Verheißung steht unser Dienst und Auftrag als Zeugen Jesu Christi: Die Welt wird gesunden.

»Ich will euch zu Menschenfischern machen« – Mission und Evangelisation heißt deshalb: Im Auftrag Jesu Christi Menschen zum Gottesreich zu sammeln.

Ergebnisblatt zu Markus 4,1–20: Das Gleichnis vom vierfachen Ackerfeld

1. Der Aufbau des Textes

b) Der Text kann so eingeteilt werden:
1. V 1+2:   Jesus lehrt in Gleichnissen
2. V. 3–9:   Das Gleichnis vom vierfachen Acker
3. V. 12:   Die Frage der Jünger nach der Deutung
4. V. 13–20:   Jesus deutet das Gleichnis

c) Der Höhepunkt des Textes kann in folgendem Satz zusammengefaßt werden: Allen Widerständen und dem Mißerfolg zum Trotz läßt Gott reiche Frucht wachsen.

2. Fragen zum Text

a) Für einen geistlichen Sachverhalt wird ein Bild aus dem täglichen Leben zur Verdeutlichung genommen. So wird Unbekanntes durch Bekanntes erklärt. Dabei kann oft nicht jeder einzelne Zug des Bildes übertragen werden, sondern man muß die Spitze des Gesagten finden.

b) Der Bauer war der geachtetste Beruf, den sogar der König noch ausübte (vgl. 1 Sam 11,5). Die Feldbestellung war abhängig von der Regenzeit. Vor dem erwarteten Regen wurde gesät und gepflügt. Pflügen geschah mit dem Holzpflug. Die Ernte war dann von April bis Juni. Hauptsächlich wurden Hirse, Gerste und Weizen angebaut in den fruchtbaren Ebenen, besonders in Galiläa.

c) Es wurde *vor* dem Pflügen gesät. Der Acker war noch Stoppelfeld.

3. Theologische Fragen

a) *Jesus redet in Gleichnissen zur Verdeutlichung,* damit das einfache Volk verstehen kann. Bis heute ist die

Klarheit des Zeugnisses wichtig. Regel: Je einfacher, desto verständlicher. Niemand darf die Bibel und Jesus ablehnen, weil wir sie nicht verständlich sagen.

2. Die Gleichnisse ermöglichen Verstehen, rufen aber so auch in die Entscheidung. Deshalb V. 10–12: Vom Nicht-hören-Wollen kommt es zum Nicht-hören-Können. V. 12 könnte übersetzt werden: »... mit hörenden Ohren hören und doch nicht verstehen, ob sie sich nicht vielleicht doch bekehren...« (oder: »... es sei denn, daß sie sich bekehren...«).

b) *Wort annehmen* heißt wörtlich: Gastfreundschaft gewähren (vgl. Apg 15,4). Das verdeutlicht: Gott kommt zu mir, ohne mein Zutun; dann aber bin ich gefragt, ob ich ihn einlasse oder wegschicke.

c) *Geheimnis des Reiches Gottes:* Man beachte die Einzahl. Jesus selbst ist das Geheimnis. Er in seiner Person ist der König Gottes. In ihm ist das Reich da! (vgl. Lk 17,20–30).

d) *Draußen* und *drinnen* bezeichnet das Verhältnis zu Jesus Christus. Der Nachfolger ist *drinnen,* der Heide und Ablehnende ist *draußen* (vgl. Gleichnis von den 10 Jungfrauen).

4. Kennzeichen der Boten Jesu Christi

a) Sie dürfen das Wort säen
b) Ohne Entmutigung, denn Gott wird Frucht schaffen
c) Sie sind drinnen, also Nachfolger
d) Ihre Verkündigung stellt in die Entscheidung

5. Mission und Evangelisation heißt nach Markus 4,1–20:

Ohne Entmutigung das Wort Gottes zu verkündigen, das in die Entscheidung stellt und dem Gott selbst Frucht schafft.

Markus 4,1–20:
Das Gleichnis vom vierfachen Ackerfeld

»Verschwendung der Liebe«

Einleitung

»So geht man nicht mit dem Sach' um«, das wäre wohl die spontane Reaktion eines vernünftigen Bauern auf dieses Gleichnis Jesu. Besonders den als so schaffig und sparsam beschriebenen Schwaben tut diese Erzählung weh. Es ist ja zunächst von einem unvertretbaren Mißerfolg zu berichten. Dreiviertel des ausgestreuten Saatgutes geht verloren, kommt nicht zur Frucht. Gerade diese aufreizende Tatsache aber wird zur Frage an die Hörer der Predigt Jesu. Sie sind doch der Boden, auf den gesät wird und sie stehen damit vor der Frage: Ist Gottes Wort an mich verschwendet? Ist mein Leben vor Gott ein Mißerfolg? Es ist die selbstprüfende Befragung: Was für ein Boden bin denn ich?

Den Bauern Palästinas war die Schilderung Jesu vom Säen vertrauter, als das bei uns in unserer heutigen, hochtechnisierten Feldbestellung der Fall ist. Nach der langen Trockenzeit, in der der Boden ausgeglüht war, mußte kurz vor der Regenzeit gesät werden. Dabei konnte der steinharte, rissige Boden mit dem Holzpflug nicht gepflügt werden; gesät wurde auf das noch unbestellte Feld. Große Steine lagen im Acker, die Dorfbewohner hatten einen Abkürzungsweg über das Stoppelfeld getreten und stachelige Dornensträucher waren hochgekommen. Erst nach dem Regen konnte das ausgestreute Saatgut untergepflügt werden. Wenn aber der Regen nicht bald nach der Aussaat kam, dann ging viel Saatgut verloren. Es lag eben am Gespür des Bauern, die richtige Zeit abzupassen.

Bauer zu sein war in Israel ein geachteter Beruf. Selbst Saul pflügte und besäte noch als König seine Felder. David war ein Bauernsohn und Hirte. Das Volk lebte im Gang der Jahreszeiten, und viele Bitten des Alten Testamentes und Dankpsalmen treten vor Gott als den, der den Früh- und den Spätregen zur rechten Zeit gibt. Jesus predigt so, daß es jeder seiner Hörer leicht verstehen kann.

Was sollen sie verstehen und was sollen wir heute verstehen bei diesem Schriftabschnitt? Damals wie heute will Jesus den Menschen zur ernüchternden Selbsterkenntnis führen, ihm sein uneingeschränktes Angebot zum erfüllten Leben vorlegen und damals wie heute so zur Entscheidung rufen, denn

1. Gottes Wort geht alle an

Jesus erregt Aufsehen, das Volk strömt ihm zu. Sie umdrängen ihn so, daß er in ein Boot steigt und von dort aus redet. Für Israel war er damals schon Tagesgespräch, dieser junge Rabbi aus Nazareth. Seine Person, seine Worte und seine Taten erregten großes Aufsehen und wurden heiß diskutiert. Angefangen beim einfachen Mann auf der Straße, über die theologischen Fachleute, bis hin zu den weltlichen und geistlichen Führern Israels – sie alle müssen ihm gegenüber Stellung beziehen, ihn ablehnen, in Frage stellen oder sich seinen Worten öffnen. Sie werden alle in die Entscheidung gerufen: Ist er der wiedergekommene Johannes der Täufer? Oder Elia, der den jüngsten Tag vorbereitet? Oder ein besonders bevollmächtigter Prophet? Oder, wie es Petrus bekennt »der Christus, der Sohn des lebendigen Gottes«? Jesu Wort und Person stellt in die Entscheidung.

Viele strömen zusammen: Beeindruckte und Neugierige, Hilfesuchende und Ratlose, Abwartende und Zweifler – und sie alle hören das Wort. Jesus schickt niemand weg, es findet keine Auslese, kein Glaubensexamen oder wenigstens ein Kurztest über Hörfähigkeit oder Hörwilligkeit statt, sie alle können hören.

Wieder tritt uns Jesus als der entgegen, der selbstgezogene Grenzen sprengt. Ist das nicht die Not in unserer Kirche, in unseren frommen Kreisen bis heute? Wird nicht bei uns manchmal sortiert, wer kommen darf und wer nicht? Freilich nicht offen und meistens nicht einmal bewußt, aber trotzdem so, daß manche sich abhalten lassen. Solche Auslese findet statt durch die mangelnde Wärme – ein flüchtiger oberflächlicher Gruß oder gar stummes Nebeneinander auf der Kirchbank, »den kenne ich ja nicht«, »was will denn der da?«. Er wird kaum wieder kommen. Mißbilligende, strafende Blicke zur unruhigen Konfirmandenreihe: »wenn ihr euch nicht benehmen könnt, bleibt doch zu Hause« – wird da Liebe zur Gemeinde entstehen? »In solchem Aufzug zum Sonntagsgottesdienst? Nicht einmal ordentlich gekämmt, ist das ein Junge oder ein Mädchen?« Unter solchen Bemerkungen wächst keine Verbindung zur Gemeinde. Wir sollten wieder mit den Augen Jesu sehen lernen: den Menschen in seiner Not und seiner Verlassenheit. Jesus sieht nicht auf die Würde, die Qualität oder die Fähigkeit seiner Hörer, sondern er sieht sie in ihrer Bedürftigkeit. Dann würden wir auch wieder das Danken lernen, das Danken für jeden, der das Angebot des Evangeliums hört. Allzu viele Menschen lehnen das Evangelium ab, nicht um seines Inhalts willen – den kennen sie oft gar nicht –, sondern um derer willen, die dieses Evangelium vertreten. Die Menschen sind zur Entscheidung gerufen, aber zur Entscheidung vor Jesus Christus. Deshalb müssen wir »offene Gemeinde« sein, damit sie auch diesem Herrn in seinem Wort begegnen können und nicht schon an den von uns aufgerichteten Vor-Hürden scheitern und abdrehen.

Der Same wird ausgestreut: Jesus verkündigt ihnen allen die frohe Botschaft vom Reich Gottes. Keiner ist vom Angebot ausgeschlossen. Jesus erzählt ein Gleichnis, eine Beispielgeschichte aus dem täglichen Lebensumkreis; damit soll das »Geheimnis des Reiches Gottes« auch allen begreifbar und faßbar werden. Keiner soll sagen können, »das ist mir unverständlich, das ist mir zu hoch, ich komme da nicht mit«. Es ist schlimm, wenn Menschen sich gegen das Evangelium entscheiden, weil sie es nicht begreifen können, weil sie nicht erreicht werden. Die Gleichnisse Jesu sind so einfach, so sprechend deutlich und so faßbar, daß niemand die Entschuldigung des Nichtverstehens vorbringen kann.

Darum dürfen und sollen auch wir uns mühen, daß das Evangelium verstehbar und faßbar wird für jeden. Wie viele

Predigten gehen über die Köpfe hinweg? Sie können akustisch gehört werden, erreichen aber nicht das Herz des Hörers. Entweder sind sie theologische Spezialabhandlungen, befrachtet mit Fremdwörtern, angereichert durch brillante Wortspiele – sie kreisen wie unerreichbare Flugzeuge über den Köpfen der Hörer – oder die Predigt wird in einer dem täglichen Leben entrückten Hochsprache gehalten, salbungsvoll und in gefühlvollem Pathos – sie rauscht dann wie ein brausender Wasserfall am Ohr vorbei. Was hilft alles Säen, wenn der Same schon im Flug verweht wird? Er muß wenigstens den Boden erreichen.

Sicher, solches Säen, solche »herzbewegende« Verkündigung ist nicht einfach. Sie kann aber eingeübt werden – auch und gerade eingeübt an den Predigten Jesu, an seinen Gleichnissen und treffenden Bildern. Die missionarische Kraft einer Gemeinde und ihres Zeugnisses erweist sich an der Klarheit ihrer Sprache. Dabei ist solche Klarheit gekennzeichnet durch die Einfachheit. Das Evangelium ist kein intellektuelles Glasperlenspiel, nur für Eingeweihte und Intelligente durchschaubar, sondern soll als jedem verständliche, ihn in seiner Situation aufrüttelnde Einladung den Menschen rufen.

Der Same wird gesät. Das Wort Gottes wird gesagt. Das ist das Erste. Das ist die erste, die wichtigste, die unentbehrlichste Aufgabe des Nachfolgers Jesu. Wir wollen oft zuerst den Acker einzäunen, den Boden düngen, die Disteln und Dornen ausreißen, den Boden pflügen – das ist alles auch wichtig, das gehört mit zur Feldarbeit, aber es ist nicht das Erste. Freilich, das Gleichnis stößt hier an Grenzen. Nicht alles wird in diesem Beispiel von Jesus über das Reich Gottes gesagt. Doch eben darum nehmen wir das ganz ernst. Der Same wird gesät – das ist das Erste.

Wo nicht mehr gesät wird, braucht nicht gedüngt zu werden. Wo nicht gesät wird, braucht nicht gegossen werden. Wo nicht gesät wird, braucht nichts geschützt zu werden. Deshalb stehen wir als Säleute Jesu Christi in unserer Welt. Diesen Samen kann niemand ausstreuen als wir, die wir Nachfolger Jesu sind und sein Wort haben und vertrauend seine Wahrheit erprobten. Wir sind Säleute, nicht Bewacher oder Richter, auch nicht Abgrenzer oder Türwächter – unser Auftrag heißt: »Ein Sämann ging aus zu säen...«

»Der Sämann sät das Wort« – nichts anderes, sonst ist das Säen sogar gefährlich. Die missionarische Kraft der Gemeinde Jesu Christi ist das ihr anvertraute Wort Gottes, die Bibel. Hier wird die zweite Markierung unseres Dienstes als Zeugen Jesu Christi herausgestellt: Neben dem, daß das Evangelium *allen* gilt, steht die Anweisung, das Wort Gottes und nichts sonst zu sagen. Das Wort Gottes ist dieser Same. Die christliche Gemeinde verliert alle Vollmacht und verrät ihren Auftrag, wenn sie nicht mehr das biblische Zeugnis weitergibt. Es geht nicht um unsere mehr oder weniger klugen Gedanken über Gott und die Welt, keine religiösen Anregungen sollen vermittelt werden, das Evangelium ist das »fremde« Wort, Gottes Rede an uns Menschen. Was uns Gott in seinem Wort geoffenbart hat, können wir uns nicht selber sagen, das mußte und muß uns gesagt werden. Dieser Same ist von völlig anderer Art als alles sonstige Saatgut: es sind Worte des ewigen Lebens, Worte Gottes, die verwandelnde, erneuernde, ja neuschaffende Kraft haben.

Das missionarische Zeugnis der Gemeinde hat nur dann Vollmacht und wirkt Segen, wenn sie hier in vertrauender Treue gehorsam bleibt. Der Same ist das Wort. Wir sagen nicht unsere Meinungen und Gedanken – als einer unter vielen. Wir stellen nicht eine Ansicht zur Diskussion – andere sind interessanter. Wir wollen nicht nur anregen – das tun viele. Es ist Dienst und Amt der christlichen Gemeinde, Gottes geoffenbartes Wort in Angebot und Warnung als »Botschafter an Christi Statt« in diese heillose Welt hinein zu sagen: Frucht wächst nur aus diesem Samen. Freilich gilt zum Zweiten:

2. Gottes Wort geht nicht in allen auf

Die Gleichnisse Jesu sollen alle Hindernisse des Verstehens ausräumen, aber sie wollen viel mehr, als nur Informationen geben; die Botschaft Jesu stellt die Hörer in die Entscheidung. Damals wie heute ist aber die Verkündigung des Evangeliums mit Anfechtung verbunden: So viele hören das Wort Gottes, warum aber gehorchen so wenige? So viele Menschen leben »draußen« und das heißt gleichgültig oder gar ablehnend gegenüber dem Evangelium; gerade auch hier bei uns, im »christlichen Abendland«, und obwohl sie hörten.

Nach Matthäus waren auch die Jünger Jesu damals von dieser Frage umgetrieben: »Warum redest du zum Volk in Gleichnissen?« Liegt dieses Nichtglauben vielleicht an der Art der Verkündigung Jesu? – Soweit gehen sie mit ihrer Anfrage. Wer kennt nicht als Zeuge Jesu Christi diese bohrenden Fragen: »Liegt es an meiner Verkündigung? Rede ich unverständlich? Ist unsere Gemeinde falsch ausgerichtet? Warum geschieht so wenig? Wo bleibt der Erfolg unserer kirchlichen Arbeit?« Es ist gut und immer wieder geboten, sich selber in solche Fragen hineinzustellen. Eine missionarische Gemeinde ist prüfende, sich selbst prüfende Gemeinde. Doch geht die Anfechtung tiefer. Trotz aller Bemühung und Prüfung, trotz aller Verständlichkeit, Klarheit und Einfachheit der Sprache und Verkündigung hören Menschen oft nicht – sie wollen nicht hören. Und dann kommt es vom Nicht-Hören-Wollen zum Nicht-Hören-Können.

Es spricht ein tiefer Ernst und ein suchender Schmerz aus der Antwort Jesu an seine Jünger. Er antwortet dabei mit einem Vers aus dem Alten Testament, wo Jesaja in einer erschreckenden Gerichtsankündigung Gottes Zorn über das ungehorsame Israel ausrufen muß. Es ist gewiß nicht das erste Wort Gottes an sein Volk, dieses Zorn- und Gerichtswort, aber es ist sein heiliges Wort, begleitet von der Klage und Anklage: »Ich habe Kinder großgezogen und hoch gebracht, und sie sind von mir abgefallen« (Jes 1,2). Das Volk ist in seinem Ungehorsam gerichtsreif geworden. Darum – in eigener Abwendung und eigenem Entschluß sind sie verstockt worden für das Heilswort Gottes. So sieht Jesus auch das Volk Israel zu seiner Zeit: Sie erleben den großen Heilsangriff der Liebe Gottes in seinem Sohn, in seiner Person, aber sie wollen nicht sehen. »Er lästert Gott« – schon in Markus 2 ist das Urteil der Frommen Israels gefällt, das dann am Karfreitag zur Begründung des Todesurteils wird. Israel öffnete sich nicht für sein Heil; »sie lauerten« heißt es in Markus 3,2 und in Vers 5 deshalb: »Und Jesus sah sie umher an mit Zorn und ward betrübt über ihr verstocktes Herz.«

Deshalb antwortet Jesus mit solch ernsten Worten auf die Frage der Jünger: Israel ist gerichtsreif. Sie sehen mit sehenden Augen doch nichts, und wollen mit hörenden Ohren doch nicht verstehen. Vielen im Volk wird die Verkündigung des Evangeliums so nicht zum Heil, sondern zum Unheil. Sie haben ihre Entscheidung getroffen, und verhärten sich nur noch mehr unter dem Angebot der Liebe Gottes in Jesus. Sie leben »draußen«, nicht im Umkreis der Liebe Gottes; sie bleiben in der selbstgerechten Eigenliebe und schirmen sich mit dicken Mauern der Eigengerechtigkeit vor dem Werben der Liebe Jesu Christi.

Schon in diesen Bildern wird angezeigt, was die griechischen Begriffe im Neuen Testament für »verstocken« ebenfalls ausdrücken: Verstockung ist kein über den Menschen kommendes, unabwendbares Geschehen von Gott her, obwohl er hier handelt, sondern ist immer auch eigener Entschluß, eigenes Tun und eigenes Wollen: Der Mensch »macht dicht«, er »verhärtet« sein Herz, ist »unbeugsam«, mit solchen bildhaften Begriffen faßt die Bibel solches Verschließen.

Keiner kann sich hier entschuldigen und herausreden: »Ich habe keine religiöse Ader«, »Gott will mich nicht« oder »ich bin von vornherein verloren«: Der Same wird ausgestreut, es liegt am Boden, wie er reagiert, ob er sich verschließt, nichts einläßt oder sich öffnet und den Samen einschließt. Der griechische Text von Vers 12 läßt dazuhin auch die Möglichkeit offen, so zu übersetzen: »... daß sie mit hörenden Ohren hören und doch nicht verstehen, es sei denn, daß sie sich bekehren.« Der Ernst dieser Antwort Jesu, daß unter dem Evangelium der Liebe Gottes Menschen gerichtsreif werden, indem sie sich verweigern, treibt zu der Bitte: »Mache mich zum guten Lande, wo dein Samenkorn Früchte trägt.« So wird der Boden aufbereitet, um Samen zu empfangen und Frucht zu tragen.

Dieses Werben klingt auch aus dem Gleichnis Jesu. Er redet ja nicht vom verschiedenen Boden, um nun doch auszuscheiden, wegzuschicken und in Hoffnungslosigkeit zu stürzen. Er will vielmehr, daß alle durch Selbstprüfung, Buße, Umkehr und Nachfolge zum guten Land werden. Jesus wirbt um die »Wegleute«, um solche Menschen, die in ihren Sünden hart geworden sind, festgetrampelte Herzen haben, weil sie dem Bösen Tor und Tür geöffnet haben und so alles und jedes sie festgestampft hat. Menschen sind es, die völlig unter der Gewalt des Satans stehen »er kommt alsbald« – ohne Gelegenheit zum Keimen für den Samen – »und nimmt ihn weg«. Er hält sein Gebiet, dieses ihm gehörige Herz sauber, trägt alles weg, hebt es auf und schafft es fort – so heißt das griechische Wort – was diesen Boden verändern könnte, seine Macht schmälern könnte. *Der Same fällt daneben* – er kann gar nicht zur Entfaltung kommen. Solches Bild führt doch ins Erschrecken. Bin ich so einer? Die ihn da umlauerten unter seinen Hörern, hätten sie sich diesem Erschrecken ausgesetzt, Jesus hätte sie doch nicht im Entsetzen gelassen. »Dazu ist erschienen der Sohn Gottes, daß er die Werke des Teufels zerstöre« (1 Joh 3,8). Er wirbt um uns Wegleute.

Jesus wirbt um die »Felsleute«. Sie brauchen doch nicht zu bleiben, wie sie sind. Es sind die, die schnell begeistert sind, »sie nehmen es alsbald mit Freuden auf«. Aber *der Same fällt nur auf den dünnen,* die Steine verdeckenden Boden. Das Wort Gottes kann nicht eindringen, die Keimschicht ist durch hartes Felsgestein bedeckt. Es ist die dünne Schicht der Christlichkeit, die hier gemeint ist. Man geht in die Kirche, man hält sich zur Gemeinde, man glaubt etwas, denn »einen Glauben braucht schließlich jeder«. Sind das nicht die Menschen, die oft auch für den Pfarrer am bequemsten sind? Sie hören der Predigt sehr aufmerksam zu, bekräftigen die Kerngedanken mit Kopfnicken und bedanken sich für das »gute Wort« – aber sie ziehen keine Konsequenzen. Es ist ein Glaube ohne Gehorsam und darum ohne Tiefgang und ohne Festigkeit: »sie sind wetterwendisch«, eigentlich wörtlich: »zeitlich begrenzt«, Christen nur auf Zeit und das heißt, Christen, solange es ihnen gut geht. Der Glaube, das Christsein – das ist nur die äußere Schicht, die Fassade, nur furniertes Holz. Wenn es etwas kostet, »wenn sich Trübsal oder Verfolgung um des Wortes willen erhebt, so ärgern sie sich alsbald« – dann wird die Christlichkeit ärgerlich, dann entlarvt sich solcher Glaube als oberflächlich. Urteilen wir nicht zu hart: Weißt Du, oder weiß ich, wie wir fest bleiben, wenn es gilt, um des Wortes willen zu leiden? Sagt nicht Jesus selbst von der verfolgten Christenheit am Ende der Zeit: »wo diese Zeit nicht verkürzt würde, würde kein Mensch selig.«?

Jesus wirbt um uns »Felsleute«. Wir brauchen nicht zu bleiben, wie wir sind. Jetzt, in der »angenehmen Zeit« dürfen wir Tiefgang gewinnen. Jetzt, in dem freien Angebot können wir die kleinen Schritte des Gehorsams und Vertrauens erlernen. Jetzt darf unser Glaube in solchem Gehorsam Erfahrungen machen und so zur Gewißheit finden: Glaubensgehorsam ermöglicht Glaubenserfahrung und wirkt so Glaubensgewißheit. Jetzt lädt Jesus ein zu den Schritten der Nachfolge. Jetzt will die erlebte Liebe Gottes unser Felsherz aufsprengen. Das ist das Angebot.

Jesus wirbt um die »Dornenleute«. *Der Same fällt mitten unter vieles andere.* Solche Menschen hören das Evangelium, doch sie sind schon besetzt. Der Acker ist schon dicht bewachsen. Sind hier nicht die Namenchristen, die »jährlichen« Kirchgänger mit gemeint? Der Acker ist schon dicht bewachsen: »Die Sorgen dieser Welt«, berufliches Fortkommen, die finanzielle Versorgung, die Erziehung der Kinder, die Angst vor dem Krieg und was alles dazu gehört – sie ersticken das Wort. Jesus nennt solche Leute Heiden: »Ihr sollt nicht sorgen und sagen: Was werden wir essen, was werden wir trinken, womit sollen wir uns kleiden? Nach solchem allem trachten die Heiden« (Mt 6,31–32).

Der Acker ist schon dicht bewachsen: »Der betrügliche Reichtum« – so viele Worte Jesu zeigen die Gefahren des Reichtums auf. Geld hat eine betrügerische Macht, es spiegelt Sicherheit vor, wo gar keine ist. Wo steckt denn dieser Betrug? Geld wird als Lebensversicherung angesehen und vielfach so angelegt. Wann aber wird eine Lebensversicherung in der Regel ausbezahlt? Doch beim Tode des Versicherungsnehmers. Wie viele Leute lassen sich von dem Geld betrügen. Sie glauben an Sicherheit, wo doch ihr Untergang, nämlich ihr Tod fest eingeplant ist.

Der Acker ist schon dicht bewachsen: »viele andere Lüste« – so viele andere Interessen, denen unsere Anstrengung und unser Einsatz gilt. Was füllt nicht alles die Zeit und die Kraft des Menschen aus? Selbst die fromme Betriebsamkeit gehört zu diesen Interessen. Viel Zeit dient der Gesundheitsvorsorge; auch die Geschlechtlichkeit kann, aus der Zucht Gottes gelöst, das Wort Gottes ersticken.

Urteilen wir nicht zu rasch – ist unser Acker frei von solchen Gewächsen? Ist es nicht unsere besondere Versuchung: Der betrügerische Reichtum?

Kein Mensch ist von Natur aus guter Boden, für den Samen bereiter Acker. In der langen Trockenzeit nach der Ernte wächst auf den ausgedörrten Feldern Palästinas das Unkraut. Erst nach dem Säen und dem ersten Regen wird es mit hinuntergepflügt. So ist unser Herz in der Trockenheit der Gottesferne von vielem Unkraut bewachsen. Jesus will unser Herz umpflügen, umkehren, bereit machen für sein Evangelium, denn

3. Wo Gottes Wort aufgeht, fängt alles an

Wir dürfen guter Boden werden – das ist die Verheißung. Wie aber geht solches vor sich? Sie hören das Wort, sie nehmen es an und bringen so Frucht, sagt Jesus. Sie nehmen das Wort an – das griechische Wort kann auch mit »sie gewähren Gastfreundschaft« übersetzt werden. Das verdeutlicht die Umwandlung in guten Boden: Gott kommt zu mir, ohne mein Zutun; dann aber bin ich gefragt, ob ich ihn einlasse oder stehen lasse. Alle eigenen Versuche, den Boden meines Lebens fruchtbar zu machen, sind zum Scheitern verurteilt. Wir sind eben hartgetretene Leute; enttäuschte Hoffnungen, verhärtete Ansichten, erstarrte Verbindungen zu anderen Menschen, bleischwere Sünden – sie liegen wie Steine in unserem Leben; viele Dornen wachsen in uns auf, viele Sorgen, Begehren und Besitz treiben uns um. Wer kann sein hartes Herz auflockern? Unsere Kraft reicht nicht aus, um die Steine wegzuräumen. Wo wir den Dornen zu Leibe rücken, reißen wir uns nur wund – Jesus muß kommen und aus uns gutes Land machen.

Wir dürfen ihn einlassen, ihm Gastfreundschaft gewähren, so fängt bei uns neues Leben an. Die Gastfreundschaft war im alten Israel heiliges, unverbrüchliches Recht: Haus und Hof standen dem Gast zur Verfügung, und er wurde in allem umsorgt. Herz und Leben Jesus zur Verfügung zu stellen – so werden wir fruchtbares Land.

Der Same fiel in das gute Land: Durch die Ohren in das Herz. »Es ging ihnen durchs Herz« – so beschreibt die Apostelgeschichte hier die Wirkung des Evangeliums. Darauf zielt Jesus in seiner Verkündigung ab. Diese Vollmacht zum verwandelnden Angebot gibt er seinen Zeugen. Wo Menschen dem Wort Gottes Gastfreundschaft gewähren, sich ihm öffnen, da erkennen sie das Geheimnis des Reiches Gottes. Dieses Geheimnis – Jesus verwendet bewußt die Einzahl – das sind nicht geheime Erkenntnisse nur für Eingeweihte, das besteht nicht in einem Geheimwissen oder in besonderen Kraftformeln – das Geheimnis des Reiches Gottes ist eine Person – das ist Jesus Christus, der Sohn Gottes selbst. Wer seinem Wort Glauben schenkt, wird ihn erkennen und damit ihn anerkennen.

In Jesus Christus ist das Reich Gottes da. Er offenbart das geheimste Wesen Gottes. Was kein Mensch aus sich oder aus der Natur erkennen kann, er stellt es ans Licht: in seiner Person wird die Liebe Gottes, daß Gott Liebe ist, erkannt. Darum ist es den Jüngern gegeben, das Geheimnis des Reiches Gottes zu erkennen, denn sie sind Jesus gefolgt, sie sind ihm begegnet und haben sich ihm unterstellt. Nun arbeitet er an ihnen und mit ihnen, so daß sie guter Boden werden. In seiner Verkündigung lädt Jesus zu sich selber ein. Er ruft in seine Nachfolge. Alle Belehrung, alle Auslegung des Alten Testamentes, seine Zeichen und Wunder sowie auch die Gleichnisse und Bildworte – sie alle wollen auf ihn selber, als den Messias Gottes aufmerksam machen und zum gläubigen Vertrauen rufen. Darum bleiben so viele – gerade fromme Juden – draußen; nicht weil sie zu wenig gelehrt gewesen wären, weil sie die Schriften zu wenig gekannt hätten, weil sie die Gleichnisse nicht verstehen konnten oder gar weil sie nicht an Gottes Macht geglaubt hätten – sie bleiben draußen, weil sie Jesus als den Sohn Gottes, als den Messias Gottes ablehnten. Dann aber hilft alle Gelehrsamkeit, alle Frömmigkeit und alles Vertrauen nichts. Dann bleibt der Mensch draußen vor der Tür des Gottesreiches, wenn er den König ablehnt. Die Jünger Jesu, seine Nachfolger, damals wie heute, sie sind drinnen. Und das meint nicht, sie gehören nun einem Geheimzirkel an, halten zusammen als Eingeweihte oder sind besonders mit Wissen begabt; sie sind drinnen, weil sie dem König des Reiches vertrauen, ihm folgen und ihm gehören. An Jesu Person scheiden sich die Menschen in drinnen und draußen, ob sie Bürger des Reiches Gottes oder Bürger im Reich der Fürsten dieser Welt sind – eine andere Möglichkeit gibt es nicht.

Wo Menschen dem Wort Gottes, seinem menschgewordenen Wort Jesus Christus, Gastfreundschaft gewähren, da fällt der gute Same in sie, gewinnt Wurzel, wächst auf und bringt Frucht. Nicht die Menschen bringen Frucht, sondern das in sie gesäte Wort Gottes. Aus uns kann keine Frucht kommen, es sei denn, Gott wirkt sie, vom Samen über die Reife bis zur Ernte. Jesus selbst bezeichnet sich einmal als das Weizenkorn, den Samen, der in die Erde fällt und erstirbt und so Frucht bringt. Frucht im Leben eines Christen bezeichnet von dort her die Auswirkung der Verbindung mit Jesus Christus.

Es ist ein reicher Ertrag, von dem Jesus im Gleichnis spricht, aber jeder nach seiner Art: dreißigfach, sechzigfach, hundertfach – damit ist keine Wertung gemeint. So wie jedes Saatgut verschieden Frucht bringt, so wird jeder Nachfolger nach seinen Gaben, »nach seinem Maß des Glaubens«, Frucht bringen dürfen, eben so weit, wie Jesus ihn gebraucht. Der Bauer Palästinas weiß das: Hirse, nicht gerade das Spitzengetreide, bringt bis zu hundertfachen Ertrag, die Gerste bis zu fünfzigfachen und der edle Weizen dreißigfachen, also jedes nach seiner Art.

Solche Frucht wird dann im Neuen Testament weiter beschrieben: Das ist Frucht, wenn durch unser Zeugnis des Wortes und des Lebens Menschen zu Jesus gelockt werden und ihn finden dürfen. Das ist Frucht, wenn wir die Werke der Barmherzigkeit in gehorsamem Dienst gerne tun. Das sind Früchte des Geistes: »Liebe, Freude, Friede, Geduld, Freundlichkeit, Gütigkeit, Glaube, Sanftmut, Keuschheit«. Das alles will Jesus durch sein Wort in seiner Nachfolge durch uns und an uns wirken. Dabei ist es die Eigenart der Frucht, daß sie in der Regel nicht für den bestimmt ist, der sie hervorbringt. »Kein Baum ißt seine Äpfel selber.« Die Früchte dienen den anderen, sie sind missionarisch zu verstehen, sie wollen die Verkündigung des Wortes unterstützen, sie sind die Schau- und Einladungsseite des Glaubens. Andere Menschen sollen durch sie gestärkt und eingeladen werden.

Das ist das Überwältigende an diesem Gleichnis Jesu. Trotz dem hartgetretenen, steinigen, dornigen Boden, an den der Same verschwendet erscheint, wird eine große Ernte wachsen. In der Verkündigung des Evangeliums kann es keine Resignation geben. Auch wenn wir keine Frucht sehen und auch keine erzwingen können. Gott wird seinem Wort Frucht schaffen. Das Wort Gottes wird nicht leer zurück kommen.

Das ist die frohmachende Einladung, die damals wie heute jedem Menschen gilt. Unsere hartgetretenen, steinigen, dornenüberwucherten Herzen können in der Lebensübergabe an Jesus Christus aufgepflügt werden, können gutes, fruchtbares Land werden, in dem der Same zur Reife und zur Ernte kommen kann. Keiner muß bleiben, wie er ist. Jeder kann Fruchtträger werden.

Das ist der nüchterne Ernst in diesem Gleichnis Jesu damals und heute. Alle hören das Wort Gottes – nur die nämlich spricht das Gleichnis an –, aber dreiviertel lehnen ab. An dreiviertel der Hörer ist der Same verschwendet.

Das ist die ernste Frage an mich: Ist das Wort Gottes an mich verschwendet?

Ergebnisblatt zu Markus 16,14–20: Der Missionsbefehl

1. Der Aufbau des Textes

b) Gliederung
1. V. 14:   Jesus tadelt den Unglauben der Jünger
2. V. 15–18: Der Sendungsbefehl und die Bevollmächtigung der Jünger
3. V. 19:   Die Himmelfahrt Jesu
4. V. 20:   Der Gehorsam der Jünger

c) Höhepunkt
V. 15 u. 16 zusammengefaßt: Das Evangelium soll *allen* gepredigt werden und wirkt Seligkeit bei den Glaubenden oder Verdammnis bei den Ungläubigen.

2. Fragen zum Text

a) *Maria Magdalena (V. 9).* Kommt aus Magdala. Jesus hat sie von sieben bösen Geistern befreit (Lk 8,2). Sie darf nachfolgen (Lk 8,2), sie geht zum Grab (Mt 28,1). Sie hängt am *irdischen* Jesus und glaubt zunächst nicht, weder am offenen Grab (Joh 20,2) noch dem Wort der Engel (Joh 20,12), auch nicht, als sie Jesus sieht (Joh 20,14). Er spricht sie an und führt sie so zum Glauben (Joh 20,16). Sie wird zur ersten Osterbotin (Joh 20,18).

b) *Neue Zungen:* a) Die Gabe, unter Wirkung des Heiligen Geistes in Fremdsprachen zu reden (Apg 2,4 ff).
b) Die Gabe, unter Wirkung des Heiligen Geistes in unverständlichen Lauten Gott anzubeten.
Soll es für die Gemeinde auferbauend sein, muß die Gabe der Übersetzung dabei sein. Diese Gabe spricht besonders das Gefühl an. Sie ist gefährdet, weil sie oft in Hochmut führt (vgl. dazu 1 Kor 14).

c) *Zeichen sind aufgetreten:* a) Dämonen austreiben (Apg 5,12–16; 16,18).

b) Neue Zungen (Apg 2,4; 10,46; 19,6; 1 Kor 14).

c) Schlangen fortschaffen (Apg 28,3), auch bildlich verstehbar, nämlich die »altböse Schlange«, den Satan besiegen.

d) Giftiger Trank: Nicht im NT, aber oft in der frühen Gemeinde (Gifttrank ist römische Mordart).

e) Kranke bessern (Apg 3,1–8; 5,12–16; Jak 5,14.15).

3. Theologische Fragen

a) Die Furcht am Ostermorgen hat wohl drei Beweggründe. 1.) Die Angst der Jünger vor der Begegnung mit Jesus wegen ihres *persönlichen* Versagens. 2.) Ostern könnte auch *Gericht* sein: Gott macht endgültig Schluß mit der Welt, die seinen Sohn getötet hat, überläßt sie dem Verderben und nimmt seinen Sohn wieder zu sich. 3.) Das unerhört Neue flößt Angst ein: Die neue Leiblichkeit des Auferstandenen. Ostern erweist sich als Heil durch die Anrede Jesu: »Fürchtet euch nicht!«

b) *Glaube und Taufe* gehören zusammen, wobei die zeitliche Abfolge im NT nicht ein-für-allemal festliegt. Doch eine Kirche, die Kinder tauft, betrügt, wenn sie nicht Bekehrung predigt.

c) *Gaben heute?* Ja, die Gemeinde Jesu Christi hat bis heute diese Gaben, doch nicht zur öffentlichen Sensation. Wir beugen uns aber auch unter unseren oft so schwachen Glauben, der die Entfaltung der Gaben hindert. Doch ist und bleibt die größte Gabe das Wort Gottes.

d) *Kreatur* meint die ganze Schöpfung. Alles, was durch die Sünde des Menschen der Vergänglichkeit mit unterworfen ist. Gott will *alles* neuschaffen, einen neuen Himmel *und* eine neue Erde (vgl. Röm 8,19 ff).

Sechs Grundlinien im Text:

I. Jesus tadelt den Unglauben, doch er *beauftragt*.

II. Ein dreifacher Auftrag: *Gehet* hin...

saget das *Evangelium*...

aller Kreatur.

III. Solche Verkündigung ist Angebot: Glaube und Taufe zur Rettung, Ablehnung bewirkt Verdammnis.
IV. Zeichen sind Umrisse der Neuschöpfung
V. Jesus geht zum Vater, gibt aber den Jüngern Vollmacht.
VI. Jünger gehorchen; der Herr bestätigt sie.

4. Kennzeichen der Boten Jesu Christi

a) Vom Unglauben angefochten, aber vom Herrn in Dienst genommen.
b) Zu allen gesandt, um Neuschöpfung anzusagen.
c) Beglaubigt und bevollmächtigt vom Herrn selbst.

5. Mission und Evangelisation heißt nach Markus 16,14–20:

Unter der Vollmacht Jesu Christi der ganzen vergänglichen Schöpfung durch Glaube und Taufe die Neuschöpfung anzubieten.

Markus 16,14–20:
Der Missionsbefehl

»Mit Versagern zum Sieg!«

Die Osterberichte des Neuen Testamentes sind durchweht von Unglauben, von Angst und Schrecken. Das war die erste Reaktion der Jünger Jesu, als sie von den Frauen die unglaubliche Nachricht von der Auferstehung ihres Herrn hörten: Sie glaubten nicht. Selbst von Petrus heißt es, er hielt es »für ein Märchen«. Selbst als Jesus ihnen dann begegnete, blieb Unglaube – und das meint hier mangelndes Verstehen – in den Herzen der Jünger.

Es ist ja auch nicht von vornherein klar, daß Ostern eine Freudennachricht ist. Die Auferstehung Jesu Christi hätte auch die endgültige Gerichtsansage über die Welt sein können. Gott ruft seinen Sohn heraus aus dem Tod und nimmt ihn wieder zu sich. Die Menschen wollten ihn nicht hören. Selbst seine engsten Vertrauten, die Jünger, hatten ihn nie recht verstanden und ihn im entscheidenden Augenblick im Stich gelassen. Es wäre nur folgerichtig, daß Gott nun die Menschen ihrem Schicksal und Verderben überläßt. Sie wollten doch nicht hören. Sie haben Gottes Sohn schändlich getötet. Doch dann kommt alles ganz anders: Ostern, das ist nicht Gericht, sondern der Anfang der Neuschöpfung. Gott gibt nicht auf. Nein, er beruft sich Menschen, um diese Neuschöpfung, das Heil, die Rettung weiter zu tragen. Sechs Grundlinien kennzeichnen in unserem Text dieses Zeugenamt.

1. Versager werden in Dienst genommen

Der auferstandene Herr ist der gleiche und handelt gleich wie der irdische Jesus. Er verwirft die Sünder und Versager nicht. Er ruft sie in seinen Dienst. Dort liegen wohl die Ängste der Jünger. Wie sollen sie dem Auferstandenen denn gegenübertreten? Wie sich rechtfertigen? Sie hatten ihn doch schmählich im Stich gelassen, hatten alle das Weite gesucht, als es zur Entscheidung kam und ihr Bekenntnis gefordert war. »Ich kenne diesen Menschen nicht«, so hatte sich der gleiche Petrus verschworen, der noch kurz zuvor flammend gelobt hatte: »und wenn dich alle verlassen, ich werde dich nicht verlassen«. Für sie war im widerstandslosen Sterben Jesu eine Welt zusammengebrochen. Ihre Erwartungen auf den Messias der Kraft waren enttäuscht worden. Hatten sie ihn nicht heimlich im Herzen für einen Feigling gehalten? Vielleicht war doch alles nur Täuschung gewesen und jetzt lag die Kraftlosigkeit Jesu da? Angst und Enttäuschung, Mutlosigkeit und Unverständnis kennzeichnete die Jünger nach dem Karfreitag.

Ostern wird gewiß nicht dadurch, daß sich diese enttäuschten, verbitterten und mutlosen Männer zusammengerissen hätten. Wer Ostern psychologisch, als Mutfassen der Anhänger Jesu erklären will, der hat die nüchternen Zeugnisse der Bibel gegen sich. Hoffnung als Auslöser der Auferstehungsverkündigung? Die Jünger hatten keine Hoffnung mehr. »Wir dachten, er würde Israel erlösen«, in diesem enttäuschten Satz der Zwei auf dem Weg nach Emmaus ist das Ende der Jüngerhoffnung markiert. Liebe als treibende Kraft? Die Liebe galt einem Leichnam. Am Ostermorgen sind die Frauen wohl aus Liebe unterwegs, aber zur Leichenwäsche und Grabpflege. Glaube als die antreibende Kraft? »Jesus schalt ihren Unglauben und ihres Herzens Härtigkeit.« Ostern, die Auferstehung Jesu Christi, das ist allein Gottes Tat, der Beginn der neuen Schöpfung, der Siegesruf seiner Liebe und Gnade, trotz und gerade wegen der erbärmlichen Versager.

Was hatten die Jünger vom Auferstandenen zu erwarten? Berechtigterweise Schelte und Tadel, wenn nicht gar Verwerfung und Strafe. Jesus erspart ihnen diese Demütigung auch nicht. Er zeigt ihnen ihre harten Herzen. Herzen, die einmal glühender Lava glichen, nun aber erstarrt und tot waren, im Unglauben erkaltet. Die Zeit der Fußwäsche war vorbei, jetzt kam wohl eine vernichtende Kopfwäsche – so dachten die Jünger.

Doch dann wird in der Anrede Jesu wirklich Ostern, auch für die Jünger: Jesus stößt sie nicht weg, er verurteilt sie nicht, sondern er nimmt sie neu und endgültig in seinen Dienst. Nicht: »Geht mir aus den Augen, ihr erbärmlichen Feiglinge«, sondern »Gehet hin und prediget das Evangelium«. Das ist das überwältigende Wunder nach Ostern.

So handelt Jesus Christus bis heute. Das mußten die Jünger tief beschämt bekennen, so wie jeder zu dieser Erkenntnis geführt wird, den er in seinen Dienst ruft: »Ich bin ein Sünder, ein Versager und nicht wert, daß Gott mich ruft.« Jeder Dienst im Reich Gottes beginnt mit diesem Staunen und dem dankbaren Bekenntnis: »Ich bin es nicht wert, aber durch Gottes Gnade bin ich, was ich bin.« Solche Demut, die nichts mehr von sich selber erwartet, ist geradezu die Voraussetzung für gesegnete Mitarbeit im Reich Gottes. Denn, wo wir uns groß machen, da wird Jesus klein. Alle Verkündigung, die von unserem Selbstbewußtsein getragen ist, zerstört und bleibt unfruchtbar. Unser christliches Selbstbewußtsein ist Sünderbewußtsein und darin Jesusbewußtsein: Er nimmt uns Versager in seinen Dienst.

So hat Gott in seiner Heilsgeschichte grundsätzlich gehandelt. Unwürdige, Schwache, Versager und Sünder macht er zu seinen Zeugen, damit seine umwandelnde, neuschaffende Kraft sich an ihnen, vor allen andern erweist. Niemand, der von ihm gebraucht wird, kann sich seiner Qualität und Kraft rühmen; der Ruhm und die Ehre ist Gottes.

An Israel, dem erwählten Zeugenvolk Gottes, wird das schon im Alten Testament unüberbietbar deutlich. So schreibt Mose, 5. Mose 7 Vers 7 und 8: »Nicht hat euch der Herr angenommen und euch erwählt, weil ihr größer wäret als alle Völker – denn du bist das kleinste unter allen Völkern –, sondern weil er euch geliebt hat...« An diesem kleinen, unbedeutenden Volk soll Gottes Herrlichkeit und Macht sichtbar werden für alle Völker zum Zeugnis. Nicht Israels Können und Stärke gestalten seine Geschichte, damals nicht und heute nicht, sondern die Macht Gottes. Seine Geschichte, auch und gerade seine neueste Geschichte, erweist sich nicht in der Durchhalte- und Kampfkraft Israels; vielmehr handelt hier der

Gott der Treue und Liebe. Erst wenn Israel das in Demut erkennt, wird es wieder im Bund mit seinem Gott sein und zum Segen für die ganze Welt werden.

2. Ein umfassender Auftrag wird gegeben

Die Versager werden beauftragt. Sie erhalten einen weltumspannenden Auftrag: Zeugen des auferstandenen Christus zu sein und seine rettende und neuschaffende Kraft im Evangelium allen Menschen anzubieten. In einer dreifachen Bestimmung gliedert der Herr seinen Sendungsbefehl:

a) »Gehet hin in alle Welt«: Eigentlich stammt das Wort aus der Nomadensprache und meint noch viel plastischer: »zigeunert umher.« Der Zeuge Jesu Christi kommt in Bewegung, in Bewegung auf den andern Menschen hin. Diese Bedeutung des Beweglichseins im geistlichen Sinn wird durch das »in alle Welt« gestützt. Das Evangelium gilt *allen*. Keiner ist ausgeschlossen. Ein Bote Jesu Christi darf diese »Offenheit« zu allen Menschen gewinnen. Das ist nur möglich, wo er aus der »natürlichen« Kreisbewegung, dem Egoismus nämlich, herausgeholt wurde von seinem Herrn und auf den andern zugehen gelernt hat. »Gehet hin in alle Welt« – das ist aber auch ganz wörtlich zu nehmen: Zeugen Jesu werden beweglich, bis in ihre äußeren Lebensverhältnisse hinein. Ist nicht das Leben einer Missionsfamilie, weit weg von der Heimat, Ausdruck solcher Beweglichkeit? Wir nehmen das als so selbstverständlich hin; es sind aber für die Missionare und ihre Familien viel Verzicht, Entbehrung, Trennungen und Schwierigkeiten mit einer Ausreise und dem Leben im fremden Land verbunden – doch, getreu dem Befehl des Herrn: »Gehet hin!«

Wir sind so seßhafte Christen geworden. Nomaden reisen mit wenig Gepäck. Ist es nicht eine Kampfestaktik des Satans, gerade in unseren »reichen« Ländern? Er bestreitet uns nicht unseren Glauben, kein Wort gegen die Bibeltreue, alle Achtung vor der Frömmigkeit – aber er bindet uns an die Güter des Besitzes und macht uns so unbeweglich. Aus »Reisenden im Dienst Jesu«, aus Nachfolgern werden Nachsitzer. Es bleibt beim Lippenbekenntnis, die missionarische Kraft der Gemeinde erlahmt. Da ist ein 70jähriger indischer Christ: Er war erfolgreicher Geschäftsmann, hat auch viel für seine Kirche getan. Gott packt ihn im Alter. Mit 65 Jahren hört er von einem neu erschlossenen Dschungelgebiet, 500 Kilometer nördlich seiner Stadt. Dort leben Tausende, die noch nie von Jesus gehört haben, auf der Stufe einer Steinzeitkultur. Diese Gegend legt ihm Gott aufs Herz und er antwortet wie Jeremia: »Hier bin ich, sende mich!« Er zieht in den Dschungel, läßt seine Familie zurück, gibt Bequemlichkeiten klaglos auf und steckt sein Geld, seine ganze Zeit und Kraft in diesen gehorsamen Dienst. Hier kann Gott segnen. Das ist Gehorsam. Nach vier Jahren werden im April 1980 36 Menschen getauft. Sie sind vom Wort- und Lebenszeugnis dieses Mannes überwunden und für Jesus gewonnen worden. Die »klassische Mission« sei am Ende? Nein – aber die Bereitschaft zum Gehen ist weithin geschwunden. Die Zahl der Missionare, die von unserem Land hinausgehen, ist beschämend gering.

b) »Prediget das Evangelium«: Die abnehmende Missionskraft der Gemeinde hängt ursächlich und engstens mit einem abnehmenden Vertrauen zum biblischen Wort zusammen. Hier liegt die Schadstelle, die allen weiteren Schaden verursacht. Der Auferstandene stellt seine Jünger ausdrücklich unter die Weisung, »das Evangelium zu predigen«, nicht ihre eigenen Gedanken, Hoffnungen und Erwartungen, sondern das in Jesus Christus geoffenbarte Wort Gottes.

Wo diese inhaltliche Festlegung des Zeugnisses verloren geht, da geht Segen und Vollmacht verloren. Christliches Zeugnis, christliche Mission sind und bleiben gebunden an das biblische Wort, alles andere ist nicht im Auftrag Jesu. Die missionarische Kraft einer Gemeinde ist die neuschaffende Kraft des Wortes Gottes. Darum ist das Ringen um die Gültigkeit des Wortes Gottes unverzichtbar für die Kirche. Hier kann es auch keinen Kompromiß geben, denn hier geht es um die geistliche Existenzfrage.

»Prediget das Evangelium« – darin liegt aber auch eine große Befreiung: Nicht meine Pläne, Entwürfe und Angebote soll ich weitergeben, sondern Gottes Plan und Angebot. Darum kommen wir auch nicht im eigenen Namen und auf eigene Verantwortung, der Name Jesu Christi, seine Macht und Gewalt stehen hinter unserem Zeugnis. Unsere Verantwortung liegt darin, daß wir dem Evangelium gehorsam sind, unser Herr übernimmt die volle Verantwortung und Garantie für Wirkung und Inhalt unseres Zeugnisses.

»Prediget das Evangelium« – die frohe Botschaft, wie das ganz wörtlich heißt. Es ist eine Freudenbotschaft, die wir bringen dürfen. Christen sind nicht die Miesmacher, die Droher und düsteren Zukunftspropheten. – Wieviel Unglaubwürdigkeit des Evangeliums gab es doch in den Jahrhunderten der Mission durch *freudlose* Verkündigung. – Wir haben die Freude in die Welt hinein zu rufen, die staunende Freude über Gottes rettende Liebe. Jede Mission und Evangelisation, die nicht von dieser staunenden Freude getragen ist, wirkt erlahmend.

c) »Aller Kreatur« – so umfassend ist der Horizont des Heilsangebotes. Es gilt allem Geschaffenen, der ganzen Schöpfung. Wohl ruht der Blick zunächst hauptsächlich auf der Menschheit, doch geht er weit darüber hinaus. Das ganze Panorama der Schöpfung wird vom Evangelium beleuchtet. Mit der Empörung des Menschen gegen Gott – dem Sündenfall – wurde auch die ganze Schöpfung in den Sog des Verderbens gerissen. Alles und jedes ist dem Vergehen unterworfen worden.

Der Heilsplan Gottes sucht deshalb auch wieder die ganze Schöpfung. Die Verheißung des Reiches Gottes gipfelt in »dem neuen Himmel und der neuen Erde, in welcher Gerechtigkeit wohnt«. So umfassend ist der Auftrag der Boten Jesu Christi: Sie sind in der vergehenden Welt Zeugen der Neuschöpfung Gottes, die in Jesus Christus begonnen hat. Ihr Evangelium gilt für den gesamten Kosmos, den Gottes Liebe und Retterwillen heimholen und zurechtbringen wird. Gottes Heilshorizont ist viel weiter, als wir zu fassen vermögen, doch so wirklich, daß wir ihn in der Begrenzung unserer Natur fassen können. Darum gilt als Drittes:

wären sie in den alten Zustand des Verderbens zurückgefallen. Also erwies man ihnen mit dem Tod eine seltene Gnade. Gründlicher und grausamer kann man das Evangelium nicht mißbrauchen.

Taufe und Glaube gehören untrennbar zusammen. Eine Kirche, die kleine Kinder tauft, betrügt die Menschen, wenn sie nicht mehr zum »eigenen, persönlichen Glauben« ruft, Bekehrung predigt. Die Taufe – auch die Kindertaufe – macht nicht selig. Sie ist aber öffentliches Bekenntnis und versichert uns der unverdienten Zuwendung Gottes in Jesus Christus. Die Taufe stellt den Menschen auf einen Weg – einen Weg, eröffnet durch die Gnade Gottes. Sie ist aber e i n e Station. Der gelebte Glaube, das auf Jesus gegründete Vertrauen, die eigene, persönliche Entscheidung für Jesus Christus, der gelebte Gehorsam und das tätige Zeugnis als Christ, das sind weitere, notwendige Stationen christlicher Nachfolge.

Die Kindertaufe ist einem Sparbuch zu vergleichen. Ich kann meinem Kind ein Sparbuch anlegen und darauf einzahlen, so daß es mit 18 oder 20 Jahren einen ansehnlichen Betrag zur Verfügung hat. Aber was, wenn es dieses Geld nicht will? Dann hat es keinen Nutzen. Vom Konto der Liebe Gottes, eröffnet in der Taufe, muß ein Mensch dann auch abheben, sonst ist es für ihn nutzlos.

Wer diese Liebe Gottes ablehnt, das Konto ignoriert, vom eigenen Konto lebt, der wird verdammt werden. Hören wir diese ernste Seite des Heilsangebotes Gottes noch deutlich? Wer nicht glaubt, wer nicht aus der Zuwendung Gottes lebt, wer das Evangelium ablehnt, der geht zugrunde. Das ist nicht als Drohung gesagt, vielmehr wird damit der unüberbietbare Wert des Evangeliums unterstrichen. Es steht die Frage nach Heil oder Unheil, nach Gelingen oder Mißlingen meines Lebens zur Entscheidung an. Sehr nüchtern nennt die Bibel auch die Folgen der Ablehnung. Die Verkündigung des Evangeliums ist immer begleitet auch vom Ernst der Ablehnung. Wer zur Entscheidung gerufen wird, muß auch die Konsequenzen kennen.

4. Bestätigende Zeichen begleiten die Verkündigung

»Prediget das Evangelium«, das ist der Grundauftrag der Zeugen. Und ihr Herr will solche Predigt bestätigen durch Zeichen. Die Zeichen sind damit eingeordnet. Nicht sie sind das »Eigentliche« des christlichen Auftrages; sie begleiten, bestätigen die Kraft und Vollmacht des Zeugnisses. Das Evangelium ist und bleibt das Erste und Wichtigste. Die Grundgabe Gottes an seine Zeugen ist das biblische Wort. Alle anderen Gaben sind dem nachgeordnet. Damit ist eine feste Leitlinie für das christliche Zeugnis gegeben und allem Schwärmertum gewehrt.

So, wie bei Jesus selbst. Alle seine Wunder waren nie Selbstzweck. Sie sollten Zeichen sein, Hinweiszeichen auf seine Person und seinen Auftrag. Sie sollten letztlich zum Lob Gottes führen. Die Zeichen, die das Zeugnis der Boten begleiten, umreißen gleichzeitig die Kraft des Evangeliums. Das biblische Wort ist nicht zuerst auf Wissensvermittlung aus, es will nicht nur den Verstand ansprechen. Dieses Wort ist ein umwandelndes, den ganzen Menschen erneuerndes Wort. In den in unserem Text genannten Zeichen werden die Umrisse der neuen Schöpfung Gottes sichtbar.

In Jesu Namen werden die Zeugen böse Geister austreiben: Hier kommt der Sieg des auferstandenen Christus über den Herrn dieser Welt zur Wirklichkeit. Wo sein Siegername genannt wird, muß der Satan weichen. In der Gemeinde Jesu gab es zu allen Zeiten diese Gabe, dieses begleitende Zeichen, auch heute noch. Denken wir nur an Blumhardt und sein Ringen in Möttlingen. Mehr noch als andere Gaben und Zeichen aber gehört zu solchen Zeichen die Stille und Verborgenheit. Jede Sensation wird hier gefährlich und irreführend. Doch ist eine Ablehnung dieses Zeichens – auch und gerade unter dem Vorzeichen der heute alles erklärenden Psychologie – nicht biblisch und führt zu einer geistlichen Verarmung der Gemeinde.

»In neuen Zungen reden« – so wie in der neuen Welt Gottes das Lob Gottes alles beherrschen wird, so begleitet dieses Gotteslob – ausdrücklich nicht Eigenlob – die Verkündigung des

Wortes. Es ist hier aller Schwärmerei zu wehren. Es ist unbiblisch, unbrüderlich und gefährlich zu sagen: »Wenn du nicht Zungenreden kannst, bist du kein rechter Christ.« So wird das Zeichen verderblich; aber genau so wenig können wir Jesu Wort und Verheißung einengen und diese Gabe ausklammern. Zungenreden und Demut sind miteinander verbunden und bereichern die Gemeinde; Zungenreden und geistlicher Hochmut sind zerstörerisches Gift.

»Sie werden Schlangen vertreiben, und wenn sie etwas Tödliches trinken, wird's ihnen nicht schaden« – das sind Zeichen, die von der Bewahrung der Zeugen Jesu in schweren Angriffen handeln. Sowohl der tödliche Biß der Schlange – als Beispiel für den zerstörerischen Kampf in der gefallenen Schöpfung, wie auch der Giftbecher, als Beispiel für eine damals nicht seltene Mordart, können den Boten Jesu Christi nicht verderben. Er lebt in der Gelassenheit des Gehaltenen.

»Auf Kranke werden sie die Hände legen, so wird es besser mit ihnen werden« – nicht aufsehenerregende Wunderheilungen werden hier verheißen, aber die verwandelnde Kraft des Evangeliums und der vertrauenden Fürbitte reicht hinein in die Leiblichkeit. Der neue Himmel und die neue Erde, ohne Leid, Tränen und Krankheit, werden hier und jetzt schon in diesem Zeichen angerissen.

Alle diese Zeichen dienen dem einen, daß die neuschaffende Kraft des Evangeliums sichtbar und so das Lob Gottes gefestigt wird. *Das* Zeichen, *das* Wunder aber ist und bleibt es, daß dieses Wort Gottes Menschen trifft und umwandelt und durch Buße und Umkehr zu Kindern Gottes macht.

Wo die Gabe des Wortes Gottes nicht mehr angenommen und weitergegeben wird, da gibt es auch keine begleitenden Zeichen. Mit der Bibelkritik geht Hand in Hand eine erschreckende Verarmung der Gemeinde an solchen Gaben und Zeichen. Wir müssen uns als Kirche und Gemeinde in selbsterkennender Buße beugen. Unser Glaube traut Gott in seinem Wort oft so wenig zu. Wir wollen nicht um solche Zeichen bitten, sondern um ein Vertrauen zu seinem Evangelium, um seinen Heiligen Geist, daß er uns recht anleite in der Wahrheit des Evangeliums, dann werden die begleitenden Zeichen sich entfalten.

Es gibt diese Gaben und Zeichen in der Gemeinde. Gewiß, doch sie sind nie zur Sensation gegeben, vertragen nicht die große Öffentlichkeit. Aber dort, wo der Herr in seinem Wort geglaubt und verkündigt wird, da erweist er sich auch mächtig in solchen Wirkungen. Es ist wohl auch ein Gericht über unser »frommes Abendland«, daß wir hier in großer geistlicher Armut leben. In vielen Kirchen Afrikas und Asiens finden wir heute Erweckungen, mitreißendes geistliches Leben in vielen Erweisen der Kraft des Evangeliums.

Wir tun gut daran, persönlich und als Kirche, die vielfach sichtbare geistliche Armut in die Bitte umzuwandeln: »Herr, gib uns dein Wort und deinen Geist, daß wir fruchtbare Zeugen sein können.«

5. Jesus Christus hat alle Macht

Jesus beauftragt seine Jünger. Er selbst »ward aufgehoben gen Himmel und setzte sich zur rechten Hand Gottes«. Es beginnt der letzte Abschnitt der Heilsgeschichte Gottes. Die Zeit des irdischen Lebens Jesu ist vorbei. Er geht zum Vater. Noch einmal: dieses Weggehen bedeutet nicht im Stich lassen, sondern Bevollmächtigung der Jünger. Er gab ihnen ja einen klaren Auftrag und vorwärtsweisende Verheißungen. Die Himmelfahrt Jesu ist nicht Abschied, sondern Anfang.

Psalm 110 Vers 1 steht hinter diesem Zeugnis des Markus: »Setze dich zu meiner Rechten, bis daß ich deine Feinde hinlege zum Schemel für deine Füße.« Der Platz zur Rechten Gottes ist der Ehren- und Regierungsplatz. Jesus tritt seine Herrschaft an. Es ist *noch* nicht Herrschaft in Gericht, es ist Zeit der Geduld, Einladung und Gnade. Mit seinem Leben, Leiden, Sterben und Auferstehen hat die neue Schöpfung Gottes begonnen. Nun kommt die Zeit des Wachsens und Reifens. Gott baut sein Reich nicht mit Vernichtung, Gewalt oder Krieg, sondern in einladender, werbender Geduld.

Die Grundfrage der Zukunft dieser Welt ist gelöst. Gelöst in der Machtfrage: Der Auferstandene ist der erhöhte Herr. Er, zur Rechten des Vaters sitzend, hat die Macht übernommen. Es gibt nun keine Macht mehr in oder über dieser Welt, die ihm die Herrschaft streitig machen könnte. Ein für allemal steht darum fest: Gott wird sein Heil vollenden. Nun ist Zeit der Vollendung. Vollendung durch Sammlung der Bürger des Reiches. Jesus ist *der* Herr – das ist Bekenntnis seiner Gemeinde. Sie steht nun für diesen Machtanspruch ihres Herrn in dieser Welt, verwirklicht seine Macht der Liebe in ihrem Zeugnis des Wortes und der Tat.

Jesus ist der Herr – das ist die Vollmacht, die den Dienst der Zeugen trägt und fruchtbar werden läßt. Auf seiner Macht beruht ihre Wirkung. Jesus, zur Rechten des Vaters, hat sie beauftragt und bewahrt sie in aller Bedrohung. Unter diesem Wissen, daß ihr Herr sie im Blick hat, können sie unerschrocken ihr Zeugnis ablegen, in allem Widerspruch der Welt. Jesus ist der Herr – das ist unser Antrieb als seine Zeugen. Das ist unser Trost in aller Anfechtung. Das ist unser Mut in aller Mutlosigkeit. Das ist unser Blick bei allem Mißerfolg. Das ist unsere Kraft in unserer Kraftlosigkeit. Das ist unser Vertrauen in allem anbrandenden Mißtrauen. Das ist unsere Hoffnung in aller Gefährdung. Jesus ist der Herr – nur in dieser Gewißheit können wir als Zeugen auftreten.

6. Der Herr bekennt sich zum Gehorsam der Jünger

Die Jünger haben ihren Herrn gehört und sie gehorchen. Aus den Versagern werden unter dem Auftrag Jesu Christi vollmächtige Zeugen. Dadurch entsteht die Kirche und Gemeinde: aus dem Gehorsam der Apostel. Nun finden sie vom Hören zum Tun. Wie schwer ist das doch oft auch für uns heute! Kürzlich sagte ein junger indischer Pfarrer bei uns in seiner Predigt: »Petrus hat gepredigt und dreitausend Menschen haben sich bekehrt. Heute werden dreitausend Predigten gehalten und keiner kehrt um.« Ein scharfer, zu scharfer Satz? Nein, es fehlt am Gehorsam. Wir hören so viel, aber wir gehorchen so wenig. Jeremia sagte auf den Anruf Gottes: »Hier bin ich, sende mich.« Sagen nicht viele: »Hier bin ich, sende aber einen andern?«

Die Gemeinde Jesu Christi entsteht und lebt durch den Gehorsam. »Sie aber gingen aus und predigten das Evangelium an allen Orten«; aus dem verschreckten Häuflein hinter den aus Angst verschlossenen Türen werden in der Vollmacht Jesu Christi mutige Zeugen und Bekenner. Nun fallen auch die äußeren Begrenzungen; »an allen Orten«, so beginnt der Weg der Kirche Jesu Christi im Römischen Reich und über dessen Grenzen hinaus. Auch über die Grenzen der Zeit hinaus, bis auf unsere Tage, beruft sich der Herr der Kirche Zeugen, bevollmächtigt sie durch sein Wort und segnet ihren gehorsamen Dienst.

»Der Herr wirkte mit ihnen« – das ist die Konsequenz aus dem Auftrag. Die Zeugen sind nicht allein. Der Herr bekennt sich zu ihrem Wort. Er gibt ihnen seine »Energie«, so wird das griechische Wort deutlicher. Unter seinem Antrieb stehen die Zeugen. Es geschieht so, wie Jesus es verheißen hat. Die Geschichte der Kirche ist eine Heilsgeschichte erfüllter Verheißungen. Das darf man einmal deutlich aussprechen. Wir schauen oft nur auf die Geschichte des Versagens und der Schuld der Kirche. Es ist wahr, »das Elend des Christentums« in seinen geschichtlichen Ausformungen und Verirrungen darf nicht totgeschwiegen oder gar geleugnet werden. Die Geschichte der Kirche ist vielfach auch eine unheilvolle Schuldgeschichte. Aber um so klarer strahlt das Lob Jesu Christi auf, der seine Kirche erhalten und weitergebaut hat und das bis zum Ende der Zeit tun wird.

Die Segensgeschichte der Kirche ist eine Geschichte der Treue Jesu Christi zu seinem Verheißungswort. Er wirkt mit uns als seinen Zeugen. Immer dann, wenn die Zeugen in eigener Kraft arbeiteten, verkehrte sich das Evangelium in Unheil. Doch wo der Herr wirkt, da ist geisterfüllte, umwandelnde Kraft.

»Er bekräftigte das Wort durch die mitfolgenden Zeichen« – Er verleiht dem Wort Stärke. Das ist unsere Gewißheit und unser Trost bei allem Zeugnis. Er verleiht Stärke und Durch-

schlagskraft. Er macht das Wort des Zeugnisses wirkungs-
mächtig. Weder Petrus noch Paulus mit ihrer Vergangenheit
waren überzeugende Stützen des Evangeliums, aber der Herr
der Kirche segnete ihren Gehorsam. Dieses Häuflein Männer,
sie krempelten die Welt um. Das Römische Reich, auf Kriegs-
macht und Gewalt gegründet, verging. Andere Reiche blühten
auf und versanken. Die Zeichen der Liebe aber, gegründet im
Zeugnis des Evangeliums, setzten Signale der Hoffnung und
Erwartung.

Die Heilsgeschichte Gottes ist eine Geschichte seiner Kraft,
die in der Schwachheit mächtig ist. Das Wort wird stark, nicht
in unserer Überzeugungskraft, Beredsamkeit oder Durchset-
zungsmacht, das Wort wird stark durch die Wirkung des Geistes Gottes.

Das ist die Würde der Zeugen: In einer vergehenden Welt
Gottes Neuschöpfung auszusagen, anzutreten und vorzuleben;
unter der Vollmacht Jesu Christi der ganzen vergänglichen
Schöpfung durch Glaube und Taufe die Neuschöpfung anzubieten.

Ergebnisblatt zu Apostelgeschichte 1,1–14:
Die Beauftragung der Apostel

1. Der Aufbau des Textes

b) Gliederung
1. V. 1–3: Zusammenfassung des Lukas-Evangeliums
2. V. 4 + 5: Die Verheißung des Geistes
3. V. 6–8: Die Beauftragung als Zeugen
4. V. 9–11: Die Himmelfahrt Jesu und die Verheißung seiner Wiederkunft
5. V. 12–14: Die erste Gemeinde

c) Höhepunkt:
Vers 8 und 11 so zusammengefaßt: Die Jünger sind in der Kraft des Heiligen Geistes zu Zeugen Jesu Christi berufen, geleitet von der Gewißheit der Wiederkunft Jesu Christi.

2. Fragen zum Text

a) Lukas und Theophilus: *Lukas* ist Arzt und wohl Heidenchrist (Kol 4,10–14). Er ist Begleiter des Paulus auf der zweiten Missionsreise von Troas bis Philippi (Apg 16,10–17); ebenso auf der dritten Missionsreise von Philippi bis Milet (Apg 20,5–15); von Milet bis Jerusalem (Apg 21,1–18). Er ist auf der Reise in das Gefängnis in Rom dabei (Apg 27,1–28,16). Er schreibt sein Evangelium und die Apostelgeschichte aufgrund sorgfältiger Erkundungen, sowie nach Augenzeugenberichten (Petrus und Paulus). *Theophilus:* »Von Gott geliebter.« Wohl ein hochstehender Heidenchrist. Das zeigt die respektvolle Anrede »Hochgeehrter« in Lukas 1,3.

b) Apostel (wörtl. Gesandter) ist eine *einmalige* Amtsbezeichnung für die Jünger Jesu und für Paulus, die vom Herrn persönlich beauftragt wurden und Augenzeugen der Lebensgeschichte Jesu waren. Das Amt wird ihnen endgültig vom *Auferstandenen* übertragen. Vorher taucht das Wort nur vereinzelt auf, dann, wenn Jesus die Jünger zu besonderem Dienst auf Zeit sendet (vgl. Mt 10,2; Mk 6,30; Lk 6,13; Joh 13,16).

Im Alten Testament wird diese Amtsbezeichnung nur vier Männern zuteil: Mose, Elia, Elisa und Hesekiel. Sie waren beauftragt von Gott Taten zu tun, die er sich sonst selbst vorbehalten hat (Wasser aus Fels, Regen rufen, Tote auferwecken).

c) Der *Sabbatweg* ist eine Strecke von ca. 900 Metern. Die Rabbiner folgern das aus den zweitausend Ellen von 4. Mose 35,5 und Josua 3,4. So weit darf ein Frommer am Sabbat gehen, ohne 2. Mose 16,29 zu verletzen.

3. Theologische Fragen

a) *Reich Israel* bezeichnet die irdische Großmacht Israel, die der Messias Gottes wieder herstellen wird (im Tausendjährigen Reich), und zwar in den Grenzen, wie zur Zeit Davids. Es ist also eine politische Größe. *Reich Gottes* meint das Königsein Gottes, wie es in Jesus Christus verwirklicht ist (vgl. Ps 22,29; Joh 18,36; Röm 14,17; und Offb 21,1 ff).

b) *Kraft des Heiligen Geistes:* Das griechische Wort meint die »Fähigkeit«, die Wirkungskraft (dynamis). Vom Hebräischen her wird noch deutlicher, was gemeint ist. Dort heißt das Wort »Heeresmacht« = Kampfkraft! Mission ist Kampf; Kampf gegen die Macht des Satans. Wer das ohne die Deckung der Heeresmacht Gottes tut, ist verloren.

c) *Taufe mit dem Heiligen Geist:* Sie unterscheidet sich von der Taufe des Johannes: Er taufte nach abgelegtem Sündenbekenntnis als Bestätigung der Vergebung und zur Vorbereitung der Begegnung mit dem Christus Gottes. Die Taufe mit dem Heiligen Geist kann mit der Wassertaufe verbunden sein, meint aber eigentlich die

»Bekehrung«, die immer zugleich In-Dienstnahme ist. Wenn Gott ruft, gibt er auch die Gabe zum Dienst. Geistestaufe meint deshalb eigentlich: Beauftragung zum Dienst durch die Gabe des Heiligen Geistes.

d) Die Jünger bekommen den Heiligen Geist zur *Mission* (vgl. Apg 1,8 »... werdet meine Zeugen sein«).

4. Kennzeichen der Boten Jesu Christi

a) Sie sind begabt mit dem Heiligen Geist.

b) Damit steht die Kraft (Heeresmacht) Gottes hinter ihnen.

c) Sie sind Zeugen und haben nichts Eigenes zu sagen.

5. Mission und Evangelisation heißt nach Apostelgeschichte 1,1–14:

Ausgerüstet mit der Kraft Gottes im Heiligen Geist, Zeugnis zu geben von Jesus Christus.

Linien des Textes:

I.   Das Evangelium des Lukas umfaßt die ganze öffentliche Wirksamkeit Jesu Christi bis zu seiner Himmelfahrt. Dabei ist der irdische Jesus der gleiche wie der auferstandene Christus (V. 1–3).

II. Gott will mehr, als nur den Schaden heilen (Johannestaufe); er will auch nicht nur Israel politisch wiederherstellen (Reich Israel). Er sendet seine Nachfolger als Zeugen seiner Erlösung in die ganze Welt zum Angriff gegen das Reich des Satans (V. 4–8).

III. Die Zeugen Jesu Christi leben und arbeiten in der Gewißheit der Wiederkunft ihres Herrn (V. 9–11).

IV. Die erste christliche Gemeinde ist die *juden*christliche Gemeinde von Jerusalem. So wird der »Same Abrahams« auch zum »Samen« der weltweiten Gemeinde Jesu Christi. So erfüllt sich 1. Mose 12,1–3.

Apostelgeschichte 1,1–14: Die Beauftragung der Jünger

»Die neue Kraft«

Himmelfahrt Jesu, heute wird das als Vatertag gefeiert. Gut so. Himmelfahrt ist Vatertag: Jesus ging zu seinem Vater! Allerdings lassen die Zerrbilder von Vätern, wie sie gerade an diesem Tag oft genug beschämend sichtbar werden, das Elend menschlichen Lebens hervortreten. Gott der Vater – er wird an seinem Handeln erkannt. Und die Himmelfahrt Jesu Christi schließt ein Handeln Gottes zunächst ab, nämlich seine menschgewordene Suche nach uns Elenden im Sohn. Jesus geht zum Vater; hiermit aber ist nicht nur ein Abschluß gesetzt, sondern auch ein Anfang. Jetzt beginnt die Zeit der Mission. Die Suche und Einladung des Vaters geschieht nun in der ganzen Welt durch seine bevollmächtigten Zeugen.

Himmelfahrt Jesu, wie ist man mit diesem Tag so schnell fertig. Der menschliche Verstand macht daraus ein örtliches und Geschwindigkeitsproblem. Er berechnet die höchstmögliche »Auffahrtsgeschwindigkeit« und bestimmt dann die zurückgelegte Entfernung. Dann aber muß Jesus noch irgendwo im Weltraum unterwegs sein. Es ist billig, so die Wirklichkeit Gottes hinwegdisputieren zu wollen. Gott, der Vater, läßt sich nicht in unseren Koordinaten von Raum und Zeit bestimmen. Wäre er denn sonst Gott? Er läßt sich in seinem Tun von uns Menschen nicht zureichend erklären. Das gilt für die Geburt Jesu, seine Auferstehung und seine Himmelfahrt in besonderer Weise. Obwohl sich Gott hier hinunterbeugt, sich in einem Menschen faßbar und sichtbar darstellt, ist er damit doch nicht in unsere Verfügung getreten. Gott kommt in Jesus Christus in die Geschichte, aber er geht nicht in ihr auf.

Gewiß, die Himmelfahrt Jesu Christi ist ein historisches Geschehen, hat eine sichtbare Seite in Raum und Zeit – die Wolke ist nicht nur ein Bild – aber als Handeln Gottes übersteigt sie unser Auffassungs- und Wahrnehmungsvermögen weit. Wir sollen hier nicht erklären, sondern uns entscheiden. Jesus von Nazareth, Gott unter den Menschen, wie viele »Erklärungen« wurden von den Menschen seiner Zeit gemacht und gegeben, für seine Worte und Taten in Vollmacht. Doch Erklären führte sie nicht in seine Nachfolge; sie waren zur Anerkenntnis, zur Entscheidung gerufen. Vor allen unseren Fragen, stellt Gottes Handeln uns in Frage. Das Zeugnis von der Himmelfahrt Jesu stellt uns Menschen drei, für unser ganzes Leben, grundlegende Fragen:

1. Die Himmelfahrt Jesu Christi stellt die Machtfrage

Es ist zunächst schon ein Gegensatz: Der arme Nazarener, der Wanderprediger, der sich zu den Chancenlosen hielt, von den Frommen viel Verachtung erfuhr, von einfachen Leuten umgeben war, das Reich Gottes ansagte und schließlich wegen seiner Worte und Taten den Verbrechertod starb und nun – der auferstandene Christus, dem alle Macht übergeben ist, der Sieger über den Tod, der lebendige Sohn Gottes, dem alle Ehre zuteil wird, der auf dem Ehren- und Regierungsplatz zur Rechten Gottes des Vaters sitzt. Und doch: es ist der gleiche. Lukas bezeugt das in den zwei Teilen seines Buches. Das Evangelium nach Lukas und seine Apostelgeschichte sind eine Einheit. Es ist der gleiche Herr, der hier bezeugt wird. Die Geschichte der Mission, der Ausbreitung des Evangeliums von Jesus Christus ist die wesenhafte Fortsetzung der Geschichte des irdischen Jesus. Hier liegt kein Bruch vor. Keine Kraftanstrengung der Jünger etwa, um das schmähliche Ende ihres Herrn zu überdecken und wenigstens einen Teil seiner Anstöße der Nachwelt zu erhalten. Die Gemeinde Jesu Christi, seine Kirche, ist begründet auf die ausdrückliche Weisung des auferstandenen Jesus von Nazareth. Er will die Kirche. Es ist seine Gemeinde, die er durch die Zeiten baute und erhält.

Er hat sich als der Lebendige erwiesen – das ist ganz real und wörtlich gemeint von Lukas. Die Apostel sind nicht irgendwelchen Träumen, Visionen oder Trugbildern gefolgt, sondern Jesus von Nazareth ist ihnen leibhaftig, in seiner Leiblichkeit als Auferstandener erschienen. Er aß mit ihnen, forderte sie auf, ihn zu berühren und lehrte sie. Er gab ihnen in seiner Gegenwart den sichtbaren Beweis der Wirklichkeit der Auferstehung. Das bezeugt Lukas dem Theophilus, von dem wir nichts Näheres wissen. Aus der respektvollen Anrede, die hochgestellten Persönlichkeiten gebührt, können wir vermuten, daß Lukas das Zeugnis für die Wirklichkeit Jesu Christi und seiner Auferstehung vor höchster Stelle ablegt. Ob zur Verteidigung oder Überzeugung, wir wissen es nicht, aber aller Nachdruck liegt auf der geschichtlich faßbaren Verankerung des Evangeliums. Die Geschichte der Apostel ist die nahtlose Fortsetzung des Herrn, der Weisung gibt.

Er hat sich als der Lebendige erwiesen – so etwas hat die Weltgeschichte noch nie gehört. Hier ist die Machtfrage aufgehängt und entschieden. So endete bis dahin aller Ruhm und alle Macht, die Menschen als Herrschern und Machthabern zuteil wurde: sie erwiesen sich als vergänglich. Das letzte Wort behielt der Tod in seiner vernichtenden Endgültigkeit.

In Jesus Christus steht der Tod selber in seiner Vorläufigkeit da. Der Auferstandene hat nun das letzte Wort. Fassen wir diesen Umsturz alles so Sicheren, bis dahin Feststehenden? Das verändert das Leben der Jünger, macht sie zu furchtlosen, selbst die Vernichtung ertragenden Zeugen der Lebenswirklichkeit der Auferstehung. Das verändert das Angesicht und die Zukunft der ganzen Schöpfung. Die Kette der Vernichtung ist gestoppt. Nicht mehr Untergang, Verderben und Vergehen im Tod sind die letzten Tatsachen; der auferstandene Herr behält das letzte Wort und Urteil. Er will nicht vernichten, sondern neu schaffen, Zukunft und Dauer geben. Bestimmt das auch unser eigenes Leben?

Ein Missionar in Neuguinea mußte nach kurzer Zeit seinen kleinen Sohn beerdigen. Ein Eingeborener fragte ihn, als er unter Tränen den Sarg zimmerte: »Gehst du jetzt weg?« »Nein« – antwortete der Zeuge Jesu –, »mein Herr ist ein Herr über den Tod, und ihm befehle ich mein Kind. Ich aber will bei euch für ihn Zeugnis geben.« »Missionar, du kannst über den Horizont sehen«, war die staunende Antwort des Eingeborenen. Wer Jesus Christus anerkennt, der sieht weit über den

Horizont hinaus, er hat Zukunft, Weite und darin Hoffnung des ewigen Lebens. Die Gemeinde Jesu Christi ist Gemeinde, die über den Horizont blicken kann und dieser vergehenden Welt solchen Blick anbietet.

Er hat sich als der Lebendige erwiesen – er erwählte sich die Jünger als seine Zeugen, beruft sie zum Apostelamt. »Apostel«, wörtlich: ein Gesandter, ist eine einmalige Amtsbezeichnung für die Jünger Jesu und für Paulus, den der Herr ausdrücklich noch dazu beruft. Es ist ein zeitlich begrenztes Amt, nur diesen Männern vorbehalten. Sie sind Augen- und Ohrenzeugen des irdischen Jesus und werden von ihm selber beauftragt. Für diese Gründungszeit der Kirche haben sie ein einmaliges und unwiederholbares Amt. Niemand nach ihnen kann sich zu Recht Apostel nennen. Selbst Paulus, trotz seiner besonderen Berufung, unterscheidet sein Apostelamt als Apostel der Nationen noch von diesen Augenzeugen und Jüngern Jesu. Es ist die volle Autorität des Auferstandenen, die hinter diesen Männern steht. Das ist deshalb so entscheidend und wichtig, weil das dann auch der Grundsatz für die Bildung des Neuen Testamentes wird: Nur solche Zeugnisse und Schriften werden von der Gemeinde als kanonisch, und das heißt, als geistgewirkte Offenbarung anerkannt, die apostolische Autorität haben, also auf die Apostel direkt zurückgehen. Das Amt als Apostel und die Autorität des Neuen Testamentes sind untrennbar verbunden. Für alle nachfolgenden Christen gilt: »Aber der Heilige Geist hat uns durch das Evangelium berufen...«, wie es Martin Luther in der Erklärung zum dritten Glaubensartikel ausdrückt. Wir stehen auf dem Grund der Apostel und Propheten, denen der Auferstandene seine Kraft anvertraut hat.

Er hat sich als der Lebendige erwiesen – »er lehrte die Apostel vierzig Tage und redete mit ihnen vom Reich Gottes«. Das ist nun das beherrschende, das neue Thema. Gottes Reich, angebrochen im Auferstandenen, mit dieser Macht gilt es nun zu rechnen. Dagegen verblassen, vergehen und verkümmern alle anderen Mächte und Reiche. »Dein Reich komme.« In dieser Bitte des Herrengebetes ist die letzte Machtlosigkeit aller anderen Gewalten angebrochen. Die Apostel haben Lehre durch ihren Herrn bitter nötig. Immer noch denken sie in irdischen, politischen Maßstäben und Größen. Das Reich für Israel?, so fragen sie. Reich Israel, damit ist die politische Großmacht Israel bezeichnet, in den Grenzen, wie zur Zeit Davids, das der Messias wieder herstellen wird. Jesus weitet ihren Blick, er öffnet ihnen den Horizont des weltumspannenden Heilsplanes Gottes. Sicher, Israel hat in diesem Plan seinen Platz, zwar durch Gericht und schwere Erziehung hindurch, aber es gibt keine Heilsvollendung ohne Israel.

Doch das Reich Gottes ist keine politische, in Staatsgrenzen meßbare Größe. Es ist die Königsherrschaft Jesu Christi über die ganze Schöpfung, zu allen Zeiten und über alle Völker. Die Apostel werden nicht zu nationalen Erneuerern berufen, sondern in einen Auftrag von kosmischen Dimensionen gestellt: Weit über Jerusalem, Judäa und Samarien hinaus, nämlich bis an die Enden der Welt.

Freilich, in ihren Kräften steht das nicht. »Mit unserer Macht ist nichts getan, wir sind gar bald verloren«, diese Lutherzeile gilt auch für die Apostel. Der Herr verheißt ihnen die neue Kraft, nämlich den Heiligen Geist. Das griechische Wort meint die Fähigkeit, die Wirkungsmacht des Geistes Gottes. Von seiner hebräischen Wurzel her ist das durchaus ein militärischer Begriff: Die »Heeresmacht« des Heiligen Geistes, kann man übersetzen. Diese Angriffskraft des göttlichen Geistes wird die Apostel zu ihrem Amt und Dienst bevollmächtigen.

Die Kraft des Heiligen Geistes, sie erst macht das Zeugnis der Apostel zum umwandelnden, neuschaffenden Wort. Das gilt für ihre Augenzeugenschaft wie für ihr schriftliches Zeugnis. In dieser Zusage Jesu Christi liegt darum auch das Zeugnis vom inspirierten, durch die Kraft des Heiligen Geistes beglaubigten, schriftlichen Wort, dem Neuen Testament. Nicht schon das geschichtliche Augenzeugenzeugnis wird die Welt verwandeln, sondern das Augenzeugenzeugnis, durchweht und getragen von der Kraft des Geistes Gottes. Zeugen stellen fest, was in Wirklichkeit geschah. Da aber eben diese Wirklichkeit menschliches Fassungsvermögen sprengt, reicht alles menschliche Bezeugen nicht aus, um andere davon zu überzeugen. Erst die aufdeckende, aufschließende Kraft des göttlichen Geistes verleiht dem Zeugnis solche Wirkungsmacht, daß es vor die Entscheidung stellt. Zum Tatsachenzeugnis der Augenzeugen tritt hier das Wahrheitszeugnis für die Gewissen; so wird der Angriff des Evangeliums umstürzend.

Zwei Mächte ringen in der Geschichte der Welt seit der Auferstehung und Himmelfahrt Jesu in letzter Zuspitzung. Es ist ein ungleicher Kampf: Die Macht der Vernichtung, im Tod verwirklicht, beansprucht ihr Recht am Menschen und seiner Welt, ihr Recht, das sie durch die Sünde des Menschen erworben hat. »Der Tod ist der Sünde Sold.« Alle Mittel werden dabei eingesetzt. Ziel des Satans und seiner Macht ist die Vernichtung. Dagegen steht das Häuflein der Gemeinde Jesu Christi. Sie bezeugt die Macht der Neuschöpfung, steht für das Reich Gottes und ruft zum erfüllten Leben. Das Mittel der Gemeinde ist das Zeugnis des Evangeliums, ist die Wirkungsmacht des Heiligen Geistes, der dieses Zeugnis bevollmächtigt. Ohne Gewalt, ohne Zwang und ohne Drohung tritt die Macht des Reiches Gottes diesen Kampf an.

Es ist ein ungleicher Kampf, denn er ist eigentlich entschieden. Im Auferstandenen tritt der Sieger auf den Plan: »Ich war tot, und siehe, ich lebe, und habe die Schlüssel der Hölle und des Todes«, das ist sein Siegesruf. Wer aber die Schlüssel hat, der ist der Herr im Haus. Er kann zu jeder Zeit die Bewohner aufstören und vertreiben. Das ist die Wirkungskraft des Heiligen Geistes; der Tod ist nur noch Macht auf Zeit, auf Abruf. Der Satan kämpft im Rückzug als Besiegter. Alle seine Gewaltangriffe, Vernichtungsmittel und Drohgebärden sind vor der suchenden, einladenden Liebe des auferstandenen Herrn zum Scheitern verurteilt. Der Kampf ist aus. Wir dürfen uns in der Macht des Siegers bergen.

Das ist die Entscheidung für uns: Auf welche Macht setzt du?

2. Die Himmelfahrt Jesu Christi stellt die Missionsfrage

»Ihr werdet meine Zeugen sein«, das ist eine sieghafte Feststellung Jesu Christi. In der Kraft seines Geistes werden die Apostel das Evangelium bis an die Enden der Erde bringen. In

Jerusalem soll solches anfangen. In Jerusalem? Wir staunen bei dieser Ortsangabe. Diese undankbare Stadt, dieser Hexenkessel aufgeputschter religiöser Fanatiker? Sie haben doch eben erst Jesus schimpflich ausgeliefert und getötet, sie wollten doch nicht hören. Die Jünger mag ein Bangen überfallen haben. Wie könnten sie dort das Evangelium sagen? Der Name Jesu und seine Anhänger hatten den Volkszorn zu fürchten. Die frommen Führer des Volkes würden alles daran setzen den, in ihren Augen, verderblichen Einfluß Jesu zu unterbinden. Wie sie ihn selber umbringen ließen, so würden sie wohl auch seine Apostel kaum schonen. Mit dieser Ortsangabe war die Gewißheit des Leidens und eines schweren Weges verbunden.

Doch Gott weicht nicht aus. Sein Angriff der Liebe beginnt an der stärksten Stelle. Gerade in Jerusalem. Wo Haß und Mord gegen den Herrn zum Höhepunkt kamen, da wirbt die Antwort der Liebe um die verhärteten Herzen. Die »Prophetenmörderin«, wie Jesus einmal die Stadt nannte – auch und gerade hier ist die Antwort Gottes auf Mord die Liebe. Freilich, unter der Verkündigung des Evangeliums beginnt für Jerusalem die letzte Entscheidungszeit. Rettung oder Untergang – die Stadt lehnte ab, nur wenige ließen sich einladen. Im Jahre 70 n. Chr. wird Jerusalem von den Folgen seiner Sünde, von der Konsequenz seiner Ablehnung, eingeholt. Im blinden Vertrauen auf die eigene Stärke wagen die Juden den Aufstand gegen das mächtige Römerreich. Sie wollen das Reich für Israel herbeizwingen. Und ihr Untergang ist total. Die Zerstörung ist so gründlich, daß nicht einmal der genaue Ort des Tempels bis heute bestimmt werden kann.

In Jerusalem? Diese Ortsangabe, mit ihrer Bedrohung, zeigt aber eine wichtige Linie für den Dienst der Zeugen Jesu Christi. Es ist der nächste Ort. Dort sind die Apostel damals, dort sind auch wir heute zum Zeugnis und Bekenntnis gerufen. An dem Ort nämlich, wo wir leben.

Die Erfahrungen des »Missionarischen Jahres« 1980 lassen das deutlich werden. Es geht nicht nur um Mission im »klassischen« Sinn, als Heidenmission in fernen Ländern. Wir danken Gott, wieviel Segen er durch solche Mission gewirkt hat und wirkt. Wir können uns aber als Gemeinde Jesu Christi nicht dabei beruhigen, daß ja solches Zeugnis geschieht. An unserem Ort, in unserem Lebensbereich sind wir zum Zeugnis gerufen. Es ist oft leichter, den »Fernen«, ganz örtlich gemeint, zu rufen, doch in unserem Zeugenauftrag sind wir zuerst an den Nächsten gewiesen. In meiner Familie, in meiner Verwandtschaft und in meinem Freundeskreis, in meinem Betrieb und in meiner Nachbarschaft, da soll ich Zeuge sein. Zwar wird es dabei oft in Anfechtung, vielleicht deutliche Ablehnung hineingehen; doch gerade dort will uns Gott haben.

Das »Gehet hin« aus dem Missionsbefehl Jesu Christi beginnt am Nächstliegenden, macht allerdings dort nicht Halt. Die Botschaft wird auch in Judäa gesagt werden. Damals das Kernland des frommen Judentums – heute der Raum unserer Volkskirchen? Wir selber, das so fromme Abendland, sind zum Missionsgebiet geworden. Judäa braucht das Zeugnis des Evangeliums. Nur dann hat eine Volkskirche Vollmacht ihres Herrn, wenn die Verkündigung des Evangeliums im Ruf zur Buße und Bekehrung Mitte ist und bleibt. Das Zeugnis kommt auch nach Samarien, in das unheilige Land, das Land verwaschenen Glaubens, noch geprägt vom Gesetz Gottes, aber vermischt mit Sitten und Gebräuchen fremder Götter. Samarien heute, sind das unsere säkularisierten Staaten? Unsere von Verwischung und Vermischung geformte Gesellschaft? Um so nötiger hat sie den klaren Ruf des Evangeliums. Und dann bis an die Enden der Welt.

Das »Gehet hin...« ist aber nicht nur räumliche Bestimmung, sondern zugleich eine inhaltliche Beschreibung des erteilten Missionsauftrages. Wir haben uns persönlich und als Kirche so sehr an die »Komm-Struktur« kirchlichen und christlichen Lebens gewöhnt. »Warum denn missionarisches Jahr?«, so wurde von ernsthaften Christen in einem Kirchengemeinderat gefragt. »Es läuten doch jeden Sonntag die Glocken und laden ein zum Gottesdienst, für alle hörbar. Die Veranstaltungen der Gemeinde werden doch jede Woche im Nachrichtenblatt und in der Zeitung bekanntgegeben und so öffentlich eingeladen. Wer will, der kann kommen.« Das ist schon richtig, aber es ist zu wenig. »Gehet hin«, wir brauchen als Gemeinde wieder die »Geh-Struktur« als die eigentliche missionarische Bewegung.

Jesus hat seinen Jüngern keinen Leimtopf in die Hand gedrückt und gesagt: »Jetzt klebt überall in Jerusalem Plakate: ›Heute abend Großevangelisation. Es spricht Jesus, der Christus. Thema ist das neue Leben.‹ Und dann wartet wer kommt.« Nein, er selbst hat das »Gehet-hin« vorgelebt. Er ist durch die Städte und Dörfer Israels gezogen, ist heimatlos geworden, um viele zu erreichen. Oft liegen die Hindernisse für unseren Zeugendienst gar nicht in grundsätzlichen Bedenken oder im Nicht-wollen. Es ist nur so schwer, aus dem Sessel aufzustehen, den Fernseher abzuschalten und einen Besuch zu machen. Es ist so schwer, den Nachbarn über den Zaun hinweg einmal direkt einzuladen und dann auch mitzunehmen.

In den Räumen und gewachsenen Bindungen unserer Gruppen und Gemeinden, da sind wir schon beim Thema; aber es dringt so wenig aus den oft dicken Kirchenmauern hinaus. Gewiß, Mitte und Zentrum der christlichen Gemeinde ist und bleibt die gottesdienstliche Versammlung. Wer hier abbaut, der greift die Substanz an. Aber der Gottesdienst ist Doppelpunkt, ist Zurüstung zum Dienst. Den Aposteln wird die Kraft und der Segen des Heiligen Geistes verheißen und gegeben. Nicht, damit sie jetzt in beschaulicher Zurückgezogenheit von der bösen Welt ihren Glauben pflegen: »Ihr werdet die Kraft des Heiligen Geistes empfangen und werdet meine Zeugen sein... bis an die Enden der Welt«, so sagt Jesus. Der Heilige Geist ist uns nicht zur Selbsterbauung, sondern zur Mission gegeben. Er ist Antriebskraft.

Das »Gehet hin« des Missionsbefehls weist uns an den einzelnen. Das ist ein Grundelement der Verkündigung des Evangeliums. Jesus selbst hat das vorgelebt. So wendet er in glühender Mittagshitze viel Zeit an das Gespräch mit einer Frau, wie uns Johannes im vierten Kapitel seines Evangeliums berichtet. Er hilft ihrem Unverständnis zurecht, geht ihr in ihren ausweichenden Argumenten geduldig nach, deckt ihr den Schaden ihres Lebens auf und ruft sie so zur Entscheidung. Durch diese eine Frau, die Jesus erkennt und anerkennt, kommt dann eine ganze Stadt in Bewegung und zum Glauben.

Mission und Evangelisation, das ist Ernstnehmen des einzelnen Menschen. Das Zeugnis hat seinen ersten Ort in der persönlichen Begegnung, wie es ja auch in die persönliche Nachfolge Jesu Christi rufen will. Wir sind an den einzelnen gewiesen, in das persönliche Ringen und Gespräch. Darum »Gehet hin«.

Die Apostel gingen nach Jerusalem, gehorsam der Anweisung ihres Herrn. Aus dem verschreckten Häuflein war eine Dienstgruppe geworden. Sie verlieren sich aber nicht in hastiger Aktivität. Vor dem Hingehen steht das Warten, die Sammlung und das Beten. Im Obergemach eines Hauses in der Stadt warten sie auf die Ausrüstung zum Dienst, wohl ihr Gebetsort. In Einmütigkeit beten sie. Rangstreitigkeiten, Vorwürfe und gegenseitige Abwertungen sind weggetan. Ihre Einmütigkeit ist Voraussetzung zum bevollmächtigten Zeugnis. Sie leben auch als Dienstgruppe die neue Gemeinschaft. Frauen, namentlich genannt Maria, die Mutter Jesu und auch die leiblichen Brüder Jesu, die ihn in seinem irdischen Leben abgelehnt hatten, sie alle haben ihren Platz in solcher Einmütigkeit der neuen Dienstgemeinschaft.

Ihr Herr war zum Vater gegangen, aber in der Kraft des Heiligen Geistes hat er sie zum Dienst befähigt und in Dienst genommen. Evangelisation und Mission sind nichts für Solisten und Einzelkämpfer. Das Zeugnis des Evangeliums braucht die Verankerung in der Gemeinde. Auch ein Paulus praktiziert das. Er sucht und hält die Verbindung mit den Aposteln in Jerusalem, wenn auch sein Amt ein besonderes ist und oft in Einsamkeit führt. Wie Jesus damals die Jünger zwei und zwei aussandte, so geschieht das Zeugnis auch jetzt in gegenseitigem Stützen. Aus der Namensliste der Apostel – insofern Namen Rückschlüsse erlauben – sehen wir die verschiedenen Charaktere und Begabungen, auf jeden Fall die verschiedenen Prägungen. Und doch sind sie zu einer Gemeinschaft zusammengewachsen, zur Gemeinschaft der Beauftragten.

Sie warten auf die Erfüllung der Verheißung des Vaters, durch Jesus ihnen zugesprochen – auf die Kraft des Heiligen Geistes. Mission beginnt mit solchem Warten, bis uns Jesus heißt zu gehen. Denn Mission ist ein Kampf, wie wir schon bei der Ortsangabe Jerusalem sahen. Der Zeuge tritt mit seinem Zeugnis für die Macht Jesu Christi gegen die Macht des Satans an. Das ist nicht harmlos. Jeder, der solches ohne Auftrag, ohne Heeresmacht des Heiligen Geistes tut, wird in diesem Kampf scheitern müssen. Es gibt nichts Gefährlicheres, als ohne Auftrag und damit ohne den Heiligen Geist das Evangelium zu verkündigen. Darum warten die Apostel und beten. Haben wir solch betendes Warten geübt und gelernt? Der Gebetskreis der Gemeinde ist der Wurzelboden vollmächtiger Verkündigung. Es braucht für solches Amt der Verkündigung nicht nur der persönlichen Vergebung und Reinigung, wie es in der Taufe mit Wasser durch Johannes geschieht. Der Zeuge Jesu Christi benötigt die Ausrüstung mit der antreibenden, in Bedrohung schützenden und dem Wort Durchschlagskraft verleihenden Kraft des Heiligen Geistes. Die darf und will erbeten sein. An unserem Bitten um den Heiligen Geist wird unsere Bereitschaft zum Dienst erkannt. Darum wartet Gott auf solches Bitten.

Das ist die zweite Frage, die uns die Himmelfahrt Jesu Christi stellt: Bist du bereit, in den Dienst dieses Herrn zu gehen, seinem Auftrag zu gehorchen und in der Kraft des Heiligen Geistes sein Reich zu bezeugen?

3. Die Himmelfahrt Jesu Christi stellt die Zukunftsfrage

Zweimal stellen die Apostel in diesem Text ihrem Herrn die Frage nach der Zukunft: »Wirst du in dieser Zeit wieder aufrichten das Reich für Israel?« Dahinter steckt nicht nur nationales Selbstbewußtsein oder zu enger Horizont, es ist vielmehr die Treue Gottes zu seinem einmal gesprochenen Wort in den Verheißungen des Alten Testamentes, die hier im Blick ist. Deshalb weist Jesus diese Frage auch nicht ab. Zwar – der Zeitpunkt der endlichen Erfüllung, das ist allein Gottes Planung. Er wird seine Verheißungen einlösen. Israel hat seinen Ort in der Heilsgeschichte Gottes. Vergessen wir nie, daß die Apostel Juden sind, und die erste christliche Gemeinde in Jerusalem entsteht, daß Jesus selbst aus Israel kam. Es gilt schon: »Das Heil kommt von den Juden.«

Doch die Antwort Jesu auf diese Frage der Jünger ist überraschend: »Ihr aber werdet die Kraft des Heiligen Geistes empfangen, welcher auf euch kommen wird und werdet meine Zeugen sein . . .«. Was hat das mit der Zukunft zu tun? Alles, denn darin liegt die Zukunft, die Hoffnung für die Apostel, für Israel, für jeden einzelnen Menschen und für die ganze Welt: Die Angriffskraft des Heiligen Geistes wird Zukunft schaffen; wird alles neu machen. Schon vorher lehrte Jesus: »Johannes hat mit Wasser getauft, ihr aber sollt mit dem Heiligen Geist getauft werden.« Die Johannestaufe war Bußtaufe zur Vergebung der Sünden. Das Abwaschen mit Wasser versinnbildlicht und vergewissert die Vergebung der Sünden. Wer sich taufen ließ, wurde so vorbereitet, dem heiligen Gott zu begegnen. Es war eine Stopp-Handlung. Halt! Du bist auf dem Weg zum Abgrund! Stehe still! Ein neuer Führer wird dich leiten.

Die Taufe mit dem Heiligen Geist ist dieses Neue. Hier kommt der Führer, der in alle Wahrheit leitet. Jetzt heißt es: Vorwärts! Mit neuer Kraft! In neuer Richtung, als neuer Mensch! Es ist, als ob Gott in seiner Heilsgeschichte zwischen Himmelfahrt und Pfingsten Atem holt. Eine Zeitspanne vollster Konzentration für den letzten, entscheidenden Angriff der Gnade. Die Heeresreihe wird geordnet, die Taktik durchgesprochen und die Kraft gesammelt. Die Zukunft der Welt liegt in der Kraft des Heiligen Geistes, in seinem Ziel der Neuschöpfung, das die Apostel empfangen zum Weitergeben.

Noch ist nicht die Zeit der Heilsvollendung. Noch läßt das sichtbare messianische Friedensreich in und für Israel auf sich warten. Die Apostel sind nicht am Ziel, sondern vielmehr am Anfang eines Weges. Allerdings stehen nun alle Zeichen auf Abschluß und Vollendung. »Gott hat am letzten geredet durch den Sohn.«

Es ist wirklich und wahrhaftig »Endzeit«, letzte Zeit, Zeit der Vollendung. Die Himmelfahrt Jesu Christi läutet die Heilsvollendung ein. Es stimmt schon, das ganze Evangelium, das Neue Testament ist nur unter dem Vorzeichen der dringlichen Erwartung des Endes zu verstehen. Es ist gerade nicht aus der Resignation heraus zu fassen, daß ja doch nichts geschieht; die Zeugen Jesu Christi leben in der gespannten Erwartung seiner Vollendung. Das gibt ihrem Zeugnis die Dringlichkeit und den Ernst.

Die Zukunftsfrage ist gelöst, die Antwort heißt: die neue Kraft des Heiligen Geistes. Mitten in der Zerstörungskraft der Sünde und des Todes baut Gott durch seine Zeugen ein Neues. Was wir jetzt glauben, verkündigen und bezeugen – Gott wird die Wirklichkeit der neuen Schöpfung, der letzten Zukunft des Kosmos verwirklichen. Wir wissen bis heute nicht Zeit noch Stunde, aber wir leben jetzt schon, in der Kraft des Heiligen Geistes, als Zeugen des Neuen.

Unausgesprochen, nur in der äußeren Haltung ausgedrückt, steht diese Frage nach der Zukunft dann auch über dem folgenden Geschehen: »Und da er solches gesagt, ward er aufgehoben zusehends, und eine Wolke nahm ihn auf vor ihren Augen weg. Und als sie ihm nachsahen...«, ein staunender, wohl auch erschrockener Blick nach oben. Durch das Wort der Engel wird dieser Blick nach oben zu einer Richtung nach vorne. *So* wird Jesus wiederkommen. Jetzt gilt: »Handelt, bis ich wieder komme.«

Das ist die Blickrichtung in der Kraft des Heiligen Geistes: Nach vorne, er wird wiederkommen. Darin liegt alle Zukunft und Hoffnung. Die Verheißung der Wiederkunft Jesu Christi ist kein angsteinflößendes Schreckensthema. Hier unterscheidet sich die biblische Zukunftsaussage ganz grundsätzlich von allen sonstigen Zukunftsprognosen. Gegen den sich immer mehr verbreitenden Pessimismus in den Zukunftsberechnungen unserer Tage steht das biblische Hoffnungswort von der Wiederkunft des Herrn, der alles neu macht. Die christliche Verkündigung von der Zukunft der Welt ist immer Trost und Ermutigung, nie Drohung und Abschreckung. Wir warten nicht auf die alles zerstäubende Atomexplosion, auch nicht auf einen alles Leben vernichtenden Weltkrieg. Wir warten nicht auf das Auslaufen der Schöpfung. Wir warten auf den wiederkommenden Herrn und seine neue Schöpfung. Leute, die dem Evangelium vertrauen und auf den Herrn Jesus warten – das sind die nüchternen Optimisten, die unsere Welt braucht.

Der Heilige Geist wirkt in uns die Lebensrichtung nach vorne. Wie viele Menschen starren gebannt nach unten, dorthin, wo sie der Abgrund der Sinnlosigkeit des Vergehens umlauert. Ihre Lebensbewegung stirbt ab. Wie viele Menschen suchen sich im Blick nach innen und finden ernüchternde Selbsterkenntnis; die Abgründe der eigenen bösen Gedanken und die Ängste enttäuschter Versuche lähmen sie oft. Wie viele Menschen schauen nach oben, flüchten sich in berauschende Utopien, in grandiose philosophische Entwürfe aus der bedrückenden Enge menschlichen Scheiterns. Wie viele Menschen schauen hinein, hinein in die faszinierende Bewegung des täglichen Lebens. Bis sie dann spät, vielleicht zu spät merken, daß dieser Blick leer läßt.

Der Blick und die Richtung des Christen geht nach vorne. Die Kraft des Heiligen Geistes richtet ihn dorthin aus, auf die Vollendung der Welt – und der Heilsgeschichte, auf die Wiederkunft Jesu Christi hin.

»Was steht ihr da?« So fragen die zwei Männer in weißen Kleidern die Apostel. »Gehet hin!« Das ist die sendende Antwort ihres Herrn auf ihr Fragen, was nun werden soll.

Sie stehen auf dem Berg. Die Ortsangabe hat ihre Hintergründe. Der Berg ist Ort der Offenbarung der Herrlichkeit Gottes, wie auf dem Berg der Verklärung. Der Berg ist Ort der Weisung, wie bei der Gabe der Zehn Gebote, die Mose auf dem Berg der Gottesbegegnung gegeben wurden. Der Berg, der Ölberg, ist der Ort, wo die Füße des wiederkommenden Herrn nach Sacharja 14 stehen werden. Der Berg ist Ort der Offenbarung, der Weisung, des Regierungsantrittes und hier, für die Apostel, Ort der Sendung. Auf dem Berg wird ihnen die Gewißheit zugesprochen, daß ihr Herr wiederkommen wird. In dieser Gewißheit können sie gehen, warten auf die Ausrüstung mit der Kraft des Heiligen Geistes und ihren Auftrag ausrichten.

»Was stehet ihr da?« Wie eine Lähmung scheint die Apostel das Weggehen ihres Herrn zu treffen. Erst in dem Zuspruch »er wird wiederkommen«, kommen sie wieder in Bewegung. Es stimmt schon: Ohne diese Gewißheit, ohne die Hoffnung der Wiederkunft Jesu Christi ist alle, auch alle christliche Bewegung, Scheinbewegung. Wo diese Verheißung als Grundlage christlichen Zeugnisses schwindet, da macht sich die Lähmung der Hoffnungslosigkeit breit, nur notdürftig überdeckt von letztlich sinnlosen Bewegungen. Die Verheißung der Wiederkunft, die Hoffnung auf den »lieben Jüngsten Tag« und die missionarische Kraft der Gemeinde stehen in einem Ursache- und Wirkungszusammenhang. Eine Gemeinde ist so missionarisch wie die Hoffnung der Wiederkunft bei ihr lebendig ist.

»Der Hausherr zog über Land«, so beschreibt schon der irdische Jesus die Lage seiner Gemeinde nach seiner Himmelfahrt. Was sollen die Knechte tun? Die Hände in den Schoß legen, weil ja doch keiner da ist? Die Feste feiern, wie sie fallen und so sich gute Tage machen? Nein – sie sollen das Haus richten, alles vorbereiten auf das große Fest, bis der Herr wiederkommt. Die Mission der Gemeinde Jesu ist die erwartende Haltung, die alles herrichtet, damit der Herr kommen kann.

Ergebnisblatt zu Apostelgeschichte 2,14–47:
Die Pfingstpredigt des Petrus und ihre Wirkung

1. Der Aufbau des Textes

b) Gliederung:

    1. V. 14–21: Die Ausgießung des Heiligen Geistes ist Erfüllung der Prophezeiung des Propheten Joel

    2. V. 22–28: Leben, Leiden, Sterben und Auferstehen Jesu sind *Gottes* Handeln, wie im Alten Testament vorangekündigt.

    3. V. 29–32: Schon David bezeugt die Auferweckung des Messias

    4. V. 33–36: Gott hat Jesus von Nazareth zum Christus gemacht

    5. V. 37–41: Der Ruf zur Buße findet Gehör

    6. V. 42–43: Das Wort wirkt

    7. V. 44–47: Die Gemeinde lebt und wächst in Einmütigkeit

c) Höhepunkt:

Jesus von Nazareth wird im Alten Testament und von den Aposteln als der Christus Gottes bezeugt. Dieses Zeugnis wirkt Errettung und begründet Gemeinde.

2. Fragen zum Text

a) *Der Tag* wurde von Sonnenuntergang zu Sonnenuntergang gerechnet. Dabei war die Nacht zuerst in drei, später in vier Wachen eingeteilt: von 6–9 Uhr Abendwache, von 9–12 Uhr Nachtwache, von 12–3 Uhr Hahnenschreiwache und von 3–6 Uhr Morgenwache. Der Tag war genauer unterteilt – in 12 Stunden, die aber je nach Helligkeitsdauer verschieden lang waren.

b) *Joel=Jahwe* ist Gott! Ein Prophet in Israel etwa um 800

v. Chr. Wir wissen über ihn nichts Genaueres. Er ruft
zur Buße und hat als Hauptthema den »Tag des Herrn«.
Wie viele Propheten des Alten Testamentes sieht er ihn
als Gerichtstag. Erst in Jesus wird die Gnade deutlich.

c) *Haus Israel* bezeichnet alle, die im Lande wohnen, die
zum Volk gehören. Der Ausdruck hat mehr örtlichen
Sinn. »Söhne Israels« betont die Abstammung.

d) *Verkehrt* heißt griechisch »krumm, verkrümmt«, meint
also den Menschen in der Abwendung von Gott. Im
Hebräischen verwandt mit »Jakob«.

e) Der *Tempel* ist *der* Versammlungsort. Die christliche
Gemeinde fühlt sich zur alttestamentlichen Gemeinde
gehörig. Sie trennen sich nicht; doch sie werden ausgestoßen (vgl. Apg 8,1 ff; 21,26 ff).

3. Theologische Fragen

a) *Petrus zitiert Joel,* weil Pfingsten Erfüllung des Alten
Testamentes ist. Dreierlei wird so deutlich:
1. Gott handelt hier.
2. Er erfüllt seine Verheißung.
3. Der »letzte Tag« ist somit angebrochen.

b) *David* ist der Stammvater des Messiasgeschlechtes. Darum kommt seinen Weissagungen für jeden Juden höchste Autorität zu. Er hat die Auferstehung und die Himmelfahrt vorausgesehen. Beides ist mit Jesus erfüllt – *er
ist also* der verheißene Messias.

c) *Buße* ist Änderung der ganzen Lebensrichtung. Die griechische Wurzel des Begriffs heißt »schnaufen, atmen«,
wörtlich also »umschnaufen« = neu atmen.
Buße ist Neuwerdung. Im Alten Testament sind es zwei
Zeichen, die die Buße anzeigen: Das Fasten und Anlegen von Trauerkleidern. Johannes der Täufer ruft zur
Buße (Mk 1,4) als Reinigung, um dem Messias zu
begegnen. Sein Bußruf heißt »Stillgestanden«. Jesu Ruf
zur Umkehr ist Ruf zum Glauben, also in die Nachfolge. Nicht nur »stillstehen«, sondern »vorwärts« = nachfolgen. (vgl. Mk 1,15)

4. Kennzeichen der Boten Jesu Christi

a) Sie stehen auf der Grundlage der *ganzen* Bibel
b) Sie verkündigen die Heilstatsachen – geschehen in Jesus Christus – als Ruf zur Umkehr.
c) Sie leben in einmütiger Gemeinschaft.

5. Mission und Evangelisation heißt nach Apostelgeschichte 2,14–47:

Auf der Grundlage des Verheißungswortes der ganzen Heiligen Schrift, Jesus als den Christus Gottes zu bezeugen, so zur Umkehr zu rufen und christliche Gemeinde zu bauen.

Linien des Textes

I. An Pfingsten erfüllt Gott seine alttestamentliche Verheißung der Gabe des Geistes und des neuen Bundes, V. 14–21.

II. Die Auferstehung Jesu Christi ist Erfüllung alttestamentlicher Hoffnung und Bestätigung Gottes für sein Messiasamt, V. 22–28.

III. Die Himmelfahrt Jesu – von David vorausgesagt – gibt die Gewißheit, daß Jesus von Nazareth der Christus Gottes ist, V. 29–36.

IV. Die Verkündigung des Petrus von Kreuz, Auferstehung und Himmelfahrt Jesu Christi ruft zur Umkehr und findet Glauben, V. 37–41.

V. Die erste Gemeinde wächst unter Gottes Wirken und lebt in einträchtiger Gemeinschaft, V. 42–47.

Apostelgeschichte 2,14–47:
Die Pfingstpredigt des Petrus und ihre Wirkung

»Gott handelt endgültig«

So blind kann der Widerspruch gegen Gott machen! Die Juden Jerusalems damals sind ein erschreckendes Beispiel der Verstockung. Sie erkennen nicht mehr, wenn Gott handelt. Sie haben nur noch Spott dafür übrig. Da verwandelt Gottes Kraft des Heiligen Geistes Menschen, und sie sehen nur Lächerliches. Menschen preisen Gottes Taten, und sie verspotten solches als das Lallen von Betrunkenen. Es gilt wirklich: »Der natürliche Mensch vernimmt nichts vom Geist Gottes.«

Aber auch die anderen, die bei dieser Ausgießung des Heiligen Geistes dabei sind, können nichts begreifen. Entsetzen packt sie. Sie ahnen, daß hier eine Revolution stattfindet, aber es packt sie die Angst. Sie haben keine Sinne, um das einzuordnen. Sie fragen erschrocken: »Was will das werden?« Wo sollen wir hinkommen, wenn hier Dinge geschehen, die sich menschlichem Fassungsvermögen entziehen? Steht nicht eine Ahnung von einem folgenreichen Umsturz hinter diesem erschrockenen Fragen?

Doch, wo Gott handelt, da will er sich auch fassen lassen. Der christliche Glaube ist nicht auf unbestimmtem Ahnen begründet. Das Erschrecken und Entsetzen ist schon Folge der Begegnung mit dem lebendigen Gott, aber nicht das einzige. Die Kraft des Heiligen Geistes, die die Apostel jetzt erfüllt, ist eine Kraft, die nicht nur beeindrucken will, sondern rufen und einladen. Gottes Geist zielt nicht auf furchterfülltes Staunen ab, auch nicht auf tiefempfundene Scheu oder unbegreifliches Mitgerissensein. Gottes Geist gibt dem Menschen die Freiheit seiner Person, so daß er nüchtern die Grundfrage seines Lebens und seiner Zukunft entscheiden kann.

Aus der Frage: »Was will das werden?« wird deshalb der Ruf: »Was sollen wir tun?« Darum predigt Petrus. Er verdeutlicht in verständlichen Worten die Wende der Zeit. Predigen steht hier – wie auch sonst im Neuen Testament – in einem gefüllten Sinn, indem es das Reden eines erfüllten, überwältigten Menschen kennzeichnet: Petrus redet in ganz neuer, ungewohnter Weise – das Wort steht nur hier – als ein vom Geist Begabter und Getriebener. »Wir können's ja nicht lassen«, wird er dem drohenden Hohen Rat später furchtlos entgegen halten. Er steht nun unter der neuen Antriebskraft der Kraft Gottes.

Seine Predigt und ihre Wirkung wollen wir uns in sieben Schritten verdeutlichen.

1. Pfingsten ist die Erfüllung alttestamentlicher Verheißungen

Petrus steht in seinem Zeugnis auf festem Grund und Boden. Der »Geisterfüllte« beruft sich auf das biblische Wort. Schon bei dieser ersten Apostelpredigt wird damit die unabdingbare Basis jeden christlichen Redens, das vom Geist getrieben ist, klargestellt. Es ist Predigt des Wortes Gottes. Alles andere ist vom falschen Geist. Der Geist Gottes ist gebunden an das Wort. Kein anderer Maßstab ist uns bis heute so klar an die Hand gegeben zur Unterscheidung der Geister wie dieser: Ist es Predigt, getragen und begründet im Wort Gottes?

Dort holt Petrus seine Hörer aus ihrem furchtsamen Staunen oder aus ihrem abwehrenden Spott. Er läßt ihnen nicht die Hintertüre des Unglaublichen oder die Distanz des Lächelns. Er trifft sie dort, wo sie selber stehen. Sie wissen alle um das Zeugnis des Wortes. Sie warten auf die Erfüllung der Verheißungen des Alten Testamentes vom Tag des Herrn. Darauf beruft sich Petrus und stellt seine Hörer so in die Entscheidung, ruft sie aus der unverbindlichen Beobachtung in die spannungsvolle Stellungnahme. Hier stehen nicht Betrunkene, die »voll Weines« sind, deren Lallen und Reden höchstens zur Belustigung taugen. Hier reden »volle« Leute, Leute erfüllt mit dem Geist Gottes. Dadurch verwehrt Petrus seinen Zuhörern den Rückzug in die Unverbindlichkeit. Er redet sie dort an, wo ihre Erwartungen und Hoffnungen hängen. Er stellt sie vor die Frage, ob nicht dieses Geschehen Erfüllung der auch von ihnen erhofften Verheißung des »Tages des Herrn« ist. Er stellt nicht nur die Frage. Nein, in neuer Vollmacht stellt er solches fest: »Das ist es, was durch den Propheten Joel zuvor gesagt ist.«

Israel wartet sehnsüchtig auf diesen Tag des Herrn. Nun, da Gott endgültig handelt und sein Verheißungswort erfüllt, sind die meisten blind dafür. Woran liegt das? Es ist der gleiche Grund, aus dem heraus das Volk Jesus ablehnte und schließlich als Verbrecher brandmarkte. In ihrer Erwartung und Hoffnung hatten sich so feste Vorstellungen entwickelt, wie Gott handeln müsse, daß sie sein wirkliches Handeln dann gar nicht mehr annehmen konnten. Wo sind die Zeichen, die den Tag des Herrn ausweisen? – so mögen sie bei dem Zeugnis des Petrus ablehnend gedacht haben. Blut soll fließen? – Sie dachten an die Ströme von Blut auf dem Schlachtfeld, wenn die Feinde des Herrn unerbittlich vernichtet werden. Es fließt Blut – dieser geschundene Körper des Christus blutete aus am Kreuz. »Sein Blut komme über uns und unsere Kinder« verflucht sich die aufgepeitschte Menge selber. Feuer und Rauchdampf? »Ich bin gekommen, ein Feuer anzuzünden« beschreibt Jesus seine Aufgabe. Das Feuer der Retterliebe ist es und nicht das Feuer der Strafe und Vernichtung. Der Geist kam auf die Apostel im Brausen und zerteilt, wie Zungen von Feuer, doch die Augen des Volkes waren gehalten. »Die Sonne soll sich verkehren in Finsternis« – vor wenigen Tagen waren sie alle noch zutiefst erschrocken, als mitten am Tage die Finsternis das qualvolle Sterben Jesu verhüllte; doch die Menschen konnten Gottes Handeln nicht erkennen, weil sie nicht wollten.

Dort liegt die Blindheit Israels bis zum heutigen Tag. Sie kennen die Worte Gottes, sie hoffen auf seine Verheißungen, aber sie können die Erfüllung nicht annehmen, weil Gott nicht so handelt, wie sie es festgeschrieben haben, wie ihre Schriftauslegung es vorschreibt. Weil Gott ihre Erwartungen nicht erfüllt, darum kommen sie in ablehnende Blindheit.

Ist es nur die Blindheit Israels? Ist das nicht die Gefahr der

Gemeinde auch heute? Auch in unserem persönlichen Leben der Nachfolge? Wie oft schreiben wir denn Gott vor, wo, wie und wann er handeln soll und werden blind für sein tatsächliches Wirken. Wir machen unsere Konzepte, Gedanken und Erwartungen für Gott verbindlich, von unseren persönlichen Glücksvorstellungen angefangen, über die Zukunft der Kirche, bis hin zu den Verheißungen der Bibel von Gottes Handeln in der Heilsvollendung. Lassen wir uns warnen von dem Beispiel Israels, das bei Gottes endgültigem Gnadenhandeln weithin blind daneben steht und für lange Zeit für die Arbeit beim Bau des Reiches Gottes untauglich wird.

Jesus am Kreuz, von Israel ausgeliefert – das ist das erschütternde Beispiel dafür, wie Menschen an ihren eigenen Erwartungen scheitern müssen. Gerade auch fromme, bibelkundige Menschen stehen in solcher Gefahr, die sich so entsetzlich gestalten kann, daß sie mit ihrem gottlosen Tun sogar meinen, sie würden Gott zu Gefallen handeln, ja, seine Ehre schützen.

Wo Gott handelt, da erfaßt den Menschen das Staunen. Es ist ein Zeichen vom Gefangensein in den eigenen frommen Erwartungen, wenn uns beim Wirken Gottes nicht mehr Staunen, Anbetung und Lob erfüllen, sondern wir nur selbstzufrieden abhaken: »Ich habe es ja immer gewußt und vorausgesagt.«

Gott handelt und erfüllt sein Wort, das ist gewiß. Ebenso gewiß ist aber, daß wir ihn nicht vorausberechnen und in unsere Erwartungen einbinden können. Gottes Verwirklichung seiner Verheißungen ist unseren Erwartungen immer voraus. Wer unter dem Geschehen des Wortes Gottes nicht mehr vom anbetenden Staunen mitgerissen wird, der ist nicht geschickt zum Reich Gottes. Die biblischen Verheißungen reißen den Horizont des Heilshandelns Gottes auf und beschreiben seinen Endpunkt; die fortschreitende Verwirklichung aber erkennen wir nur im Geschehen, erfüllt vom Heiligen Geist im anbetenden Staunen.

Dorthin ruft Petrus seine Hörer in seiner, die Gegenwart deutenden Schriftauslegung, in die Anbetung des handelnden Gottes. Er ruft auf zur Erkenntnis und Anerkenntnis Gottes, denn so allein ist Rettung möglich.

Gott erfüllt sein Verheißungswort, das er Joel 800 Jahre zuvor sagen ließ. Petrus steht mit seiner Predigt in der prophetischen Linie. Prophetie meint nämlich im Neuen Testament auch eben dies: Die Deutung der Gegenwart. Der Geist Gottes ist ein prophetischer Geist, und er öffnet denen, die ihm gehorsam sind, den Durchblick, so daß sie in dem verwirrenden Tagesgeschehen Gottes Hand am Wirken erkennen, daß sie zu den in rascher Folge dahinfliegenden Filmbildern – der ablaufenden Geschichte nämlich – auch den deutlichen Ton haben, nämlich das biblische Wort, das allein Verstehen und damit Entscheidung ermöglicht.

Gott erfüllt sein Verheißungswort: Das geistgewirkte Zeugnis ist Prophetie, ist vollmächtige Deutung der Gegenwart.

2. In Jesus Christus hat Gott erfüllend gehandelt

Was Joel noch nicht sagen konnte, Petrus kann es nun bezeugen. »Wer den Namen des Herrn anrufen wird, der soll gerettet werden.« Dieser Name des Herrn ist gedeckt durch eine Person. Gott hat seinen Namen in dem Menschen Jesus von Nazareth sichtbar verleiblicht. Darin erfährt die Verheißung des Joel ihre unerwartete Erfüllung.

Der eine Pol des christlichen Zeugnisses ist das Wort der Schrift – hier bei Petrus Joel 3 –, dieses Wort aber verwirklicht sich im täglichen Geschehen, das alle miterleben. Das biblische Wort bleibt nicht in der Unverbindlichkeit vergangener Geschichte, höchstens noch als Nachricht über Zeitumstände und Denkweisen interessant oder Anregung. Es kann aber auch nicht in das nicht verpflichtende Abwarten abgeschoben werden, bis es sich einmal erweisen wird. Gott redet, und da er ein lebendiger Gott ist, packt uns sein Reden in unserer Gegenwart. Daraufhin spricht Petrus seine Hörer an: »Jesus von Nazareth, unter euch erwiesen ... wie ihr selbst wisset.« Es geht um keine Kunde aus grauer Vorzeit oder um die Vertröstung auf ein besseres Jenseits. Jetzt und hier handelt Gott, und jetzt und hier bist du zur Entscheidung gerufen. Was allen noch frisch im Gedächtnis und vor Augen war, diesen Jesus von Nazareth, dessen Worte und Taten das ganze Volk bewegten und dessen Kreuzigung die Massen Jerusalems fanatisierte, das ist Gottes Handeln. Hier gilt es, ihn anzuerkennen.

Petrus schont seine Hörer nicht: »Ihr habt ihn durch die Hand der Heiden ans Kreuz geschlagen und getötet.« Er ruft ihnen ihr Tun in aller Härte ins Gedächtnis. In eben diesem Jesus hat Gott den Weg des Lebens kund getan. Die Verheißungen des Alten Testamentes sind in ihm erfüllt. Er ist der Christus Gottes. Gott bleibt nicht in der ahnenden Ferne; in bedrängender Nähe fragt er nach unserer Entscheidung für oder gegen ihn. In diesem Jesus von Nazareth – allen bekannt – hat sich Gott selbst bekannt gemacht. Der Weg des Lebens beginnt hier und jetzt in unserer täglichen Wirklichkeit. »Wie ihr wisset«, so ruft es Petrus seinen Hörern zu. Sie können sich damit nicht vorbeidrücken an einer Entscheidung, sie können sich nicht in die Entschuldigung flüchten »wir haben nichts gesehen und gehört«.

Jesus von Nazareth lebte unter ihnen. Er verkündigte das Reich Gottes als gegenwärtig in seiner Person. Seine Worte, Taten und Wunder wollten immer nur eines: Die Menschen in die Gegenwart Gottes rufen, die in der Nachfolge hinter Jesus her Gestalt gewinnt. In Jesus geht Gott voran, in ihm lädt er alle ein. Der Ruf »kommet her zu mir alle, die ihr mühselig und beladen seid, ich will euch erquicken«, das ist die Stimme Gottes selber. Wer ihr folgt, der wird gerettet werden.

Hatten es die Leute damals nicht leichter als wir heute? Gott als Mensch, sichtbar, hörbar und greifbar, was aber haben wir? Wir haben das Zeugnis des Wortes. Wir bleiben unter der Wirkung des Geistes, wie die erste Pfingstgemeinde. Wir haben den, auch und gerade historisch belegten Bericht von dem Menschen Jesus von Nazareth, in dem Gott Mensch wurde. »Wir wissen« um das Handeln Gottes unter uns. Wir können sehen, wie das geistgewirkte, verkündigte Wort neue Menschen schafft. Wir haben das Zeugnis der Apostel und Propheten, das sollen wir hören.

In den bewegten zwanziger Jahren forderte ein Gottesleugner einen Pfarrer auf, mit ihm in einer öffentlichen Veranstaltung über den »Unsinn der Bibel« zu diskutieren. Der Pfarrer schrieb ihm einen Brief mit folgendem Vorschlag: »Der Worte sind genug gewechselt. Ich bin gerne bereit zu einer solchen Veranstaltung – nur, anstatt eines theoretischen Rededuells schlage ich folgendes vor: Ich bringe zehn Männer mit. Sie waren Trinker, Ehebrecher und Betrüger. Unter dem biblischen Wort sind sie neue Menschen geworden. Bringen Sie zehn Leute, die durch ihre Gottesleugnung frei geworden sind, dann wollen wir weiterreden.« Er erhielt nie eine Antwort.

Das ist und bleibt das zentrale Thema christlichen Zeugnisses: Der Weg des Lebens ist geoffenbart. Jesus, der Christus, ist der Weg, die Wahrheit und das Leben, wer an ihn glaubt, der hat das Leben. Die Auferstehung Jesu Christi ist der nötigende Entscheidungsruf an alle. Dadurch ist der Weg zum ewigen Leben durch den Tod hindurch eröffnet, wie es schon David in Psalm 16 – jedem Israeliten wohl bekannt – vertrauend ausspricht.

3. Das prophetische Zeugnis des David

David ist gestorben. Sein Grab war in Israel hoch verehrt. Er war Prophet, und Gott hat ihm den Blick geöffnet für seine Heilsvollendung. David spricht nicht von sich selbst, er weist voraus auf die Erfüllung Gottes.

Das ist eine wesentliche Seite des prophetischen Wortes: Dieses Wort weist voraus, es zieht Linien in die Zukunft hinein und richtet Scheinwerferstrahlen des Lichtes in das Dunkel der Zukunft. Solche Prophetie ist aber kein Reden aus eigenem Erkennen oder Überlegen. Dahinter stehen keine Wahrscheinlichkeitsberechnungen oder futuristischen Entwürfe; dieses prophetische Zeugnis ruht auf dem Reden Gottes, auf seinem Offenbarungswort. Prophet, der die Linien der Zukunft Gottes aufzeigt, das kann man nicht aus sich selber sein. Dieses prophetische Zeugnis steht unter dem persönlichen Erfaßtsein: »Und des Herrn Wort geschah zu ...«. So erkennt David die Zukunft Gottes, die Petrus in der Auferstehung Jesu Christi als erfüllt bezeugt, durch die direkte Rede Gottes. Nicht einmal zu David selbst, sondern nach 2. Samuel, Kapitel 7 spricht Gott sein Verheißungswort zu dem Propheten Nathan, der es

David weitergibt. David läßt sich hineinnehmen in dieses prophetische Verheißungswort. Er baut und traut darauf. Die große Linie des ewigen messianischen Königs aus seinem Geschlecht wird Grundlage seines Lebens und Glaubens. In diesem Vertrauen, im Lobpreis des offenbarten Heilsweges Gottes, werden ihm dann in den Psalmgebeten 16 und 110 prophetische Einblicke in das konkrete Handeln Gottes geschenkt. Er sieht, noch tastend und ahnend, gegründet im Vertrauen auf die umfassende Heilszusage, Einzelheiten des Weges, den Gott mit diesem messianischen König zieht.

Das ist biblische Prophetie, die vorausweist. Die Grundlinie ist klar und eindeutig: Gott will Heil für die Welt und den Menschen, die Einzelheiten der Verwirklichung sind von uns Menschen nicht im vornherein fahrplanmäßig und eindeutig festzulegen. Wenn es geschieht, brauchen wir den prophetischen, die Gegenwart deutenden Geist Gottes, um seine Schritte in unserer Gegenwart, die aber nie der prophetischen Grundlinie widersprechen, zu erkennen.

Die Propheten des Alten und des Neuen Testamentes bezeugen als durchgehenden Grundton die Treue Gottes. Prophetisches Wort ist inhaltlich Zeugenwort von der Treue Gottes. Deshalb gilt für alle Prophetie: Mögen auch die Einzelschritte der Verwirklichung dieser Treue oft erstaunlich, unerwartet und fremd sein, immer geht es doch um das Erkennen der unwandelbaren Treue Gottes zu seinem Heilswillen.

David konnte nicht den Ablauf des Ostermorgens voraussagen, so daß jeder kundige Leser von Psalm 16 sofort Ansage und Verwirklichung zusammen ersehen konnte. Aber er betet in Hoffnung und Gewißheit der Treue Gottes und vertraut deshalb darauf, daß in diesem Heilshandeln Gottes auch der Tod seine Macht verlieren muß, obwohl er zu triumphieren scheint. Gerade das aber geschah in der Auferstehung Jesu Christi. Dem schließt sich das prophetische Wort in seiner konkreten Verwirklichung auf, der in eben solchem Vertrauen auf Gottes Treue durchfindet und sein ganzes Leben darauf gründet. Es ist sinnlos, jemand in ein Zimmer zu schicken und ihn anzuweisen, etwas zu suchen. Er wird nichts finden, wenn ich ihm nicht sage, was er suchen soll. Erst wenn mir in meinem Leben die Treue Gottes bezeugt wurde und ich sie erfahren habe, werde ich die verwirklichte Treue in meiner Lebensgeschichte und in der Weltgeschichte erkennen können.

Prophetisches Zeugnis ohne Vertrauen, ohne Erfahrung der Treue Gottes, ohne Lob der Wunderwege Gottes, ohne Einladung zum Vertrauen ist unglaubwürdig, ja sogar zerstörend und schädlich. Wir bedrohen nicht mit Geheimwissen über die Zukunft, letztlich als Unbeteiligte, die böse Welt in unserem prophetischen Zeugnis, sondern wir werben in einladender Klarheit um die Menschen, daß sie sich auch Gottes Treue anvertrauen.

Der Tod hat seine Macht verloren. Gott hat Jesus von den Toten auferweckt. In diesem machtvollen Ereignis der Treue Gottes wird Davids vertrauende Schau Wirklichkeit, in diesem Menschen Jesus von Nazareth. »Des sind wir alle Zeugen!«, ruft Petrus aus. Solche verwirklichte Treue Gottes ist sichtbar, freilich nicht jedem als solche erkennbar. Die Apostel sind die Zeugen, denn der Auferstandene ist ihnen begegnet. Sie geben ihr Zeugnis weiter und rufen so zum Glauben.

»Diesen Jesus hat Gott auferweckt.« – Davids Ansage hat sich ereignet. Dazu muß Israel nun Ja oder Nein sagen.

4. Das bestätigende Handeln Gottes

Inhalt der geistgewirkten Predigt des Petrus ist Jesus Christus, seine Kreuzigung – allen noch gegenwärtig –, seine Auferstehung – von David verheißen und von den Aposteln bezeugt – und seine Himmelfahrt – das bestätigende Zeichen Gottes für seinen Messias. Jesus der Erhöhte, das meint nicht, der Entschwundene, so daß Gott endgültig die böse Welt dem Bösen überlassen hätte. Jesus der Erhöhte; Gott hat ihm alle Macht übergeben. Er stellt sich zu Jesus von Nazareth, indem er ihn zu seiner Rechten setzt. Die Himmelfahrt Jesu Christi wird von Petrus als die letzte Bestätigung des Heilshandelns Gottes in Jesus Christus verkündigt.

»Er hat den verheißenen Heiligen Geist empfangen.« Paulus sagt später in 1. Korinther 15: »Denn da durch einen Menschen der Tod gekommen ist, so kommt auch durch einen Menschen die Auferstehung der Toten.« Christus ist der »Erstling« der neuen Schöpfung. Der lebenschaffende Geist hat ihn aus dem Tod herausgerufen; er ist der Erste der neuen Schöpfung geworden. Nicht aber in ausschließender Einzigkeit, sondern den vom Vater empfangenen Geist hat der Christus ausgegossen; so wird die Kraft seiner Auferstehung jetzt und hier schon wirksam und gestaltend.

David sieht auch dieses Geschehen in prophetischer Vorausschau. Die Himmelfahrt Jesu Christi, sein Regierungsantritt, ist nicht Weggang, sondern »er regiert«; das gestaltet den ganzen Kosmos um. »Bis daß ich lege deine Feinde zum Schemel deiner Füße.« Der Christus regiert, das ist der Angriff gegen die Feinde Gottes, das ist der Angriff gegen die Rebellion der ganzen Schöpfung, ja nicht nur Angriff, sondern Überwindung und endgültiger Sieg.

»Was ihr hier sehet und höret«, so vollzieht sich die Herrschaft Christi. Wider alles fromme Erwarten bringt diese Herrschaft nicht die endgültige Vernichtung; die alles einschließende Gewalt des Christus bricht als erneuernder Sturm der Liebe in die erstarrten Herzen ein. Feinde werden überwunden: Der Apostel Paulus wird zu solch einem Besiegten. Er, der die Gemeinde Gottes hart und unnachsichtig verfolgte mit »Drohen und Morden«, er wird hingeworfen in den Staub der Straße nach Damaskus. Doch der Besiegte hört nicht mit Entsetzen sein Vernichtungsurteil; der Sieger nimmt ihn in Dienst und Pflicht. So herrscht und siegt der Christus. Er überwindet seine Feinde in rastlos suchender Liebe und bringt sie zur Anbetung Gottes. Dort ist das Zeugnis Davids dann endgültig erfüllt, wo die vollendete Gemeinde in anbetendem Lob vor dem Thron des Lammes jubelt. Dort ist Davids Schau Wirklichkeit, wo »in dem Namen Jesu sich beugen sollen aller derer Knie, die im Himmel und auf Erden und unter der Erde sind, und alle Zungen bekennen sollen, daß Jesus Christus der Herr sei, zur Ehre Gottes, des Vaters« (Phil 2,10,11).

Jetzt freilich sieht das nur der, der glaubt. »So wisse nun das ganze Haus Israel gewiß, daß Gott diesen Jesus, den ihr gekreuzigt habt, zum Herrn und Christus gemacht hat.« Hier ist Gottes Treue Wirklichkeit geworden. Gott hat »am letzten gehandelt durch den Sohn« – das Zeugnis der Schrift und die Tatsachen des Leidens, Auferstehens und der Himmelfahrt Jesu nötigen zur Entscheidung. Petrus drängt nicht und nötigt nicht. Er appelliert nicht an den guten Willen oder fordert. Er hebt nicht moralisch den Zeigefinger oder entschuldigt. Er bezeugt die Erfüllung der Schrift in Jesus Christus. Nun geht es um die Entscheidung, ob sich Israel diesem »gewissen« Zeugnis entziehen will oder in Ungewißheit seinen selbstdachten Erwartungen vertrauen will.

Die Himmelfahrt Jesu Christi entläßt uns nicht in die Unverbindlichkeit, sondern sie fragt uns verbindlich nach unserem Vertrauen.

5. Der Ruf zur Buße findet Gehör

Da stehen nun die Tatsachen des Handelns Gottes in Jesus, getragen und beglaubigt vom Zeugnis der Heiligen Schrift, bezeugt von den Aposteln – und dort steht die Tatsache der Schuld Israels. Sie haben Gott nicht erkannt, sich seinem Messias verweigert, ja ihn sogar getötet. Die Predigt des Petrus wird unter dieser Erkenntnis zur erschütternden Bußpredigt, ohne Gefühlsappelle und ohne alles Drängen. »Es ging ihnen durchs Herz«, der Geist Gottes wirkt durch den Zeugen Petrus und trifft die Hörer im Kern ihrer Person.

In der Frage »was sollen wir tun?« spricht sich das Bewußtsein der Schuld und der Hoffnung auf einen Neuanfang aus. Die Predigt des Wortes Gottes will zu einem Tun führen. Überraschend allerdings ist dieses Tun. Es besteht nicht in wiedergutmachenden Taten, sondern in der Bereitschaft, sich retten zu lassen. Das Tun besteht vor allem anderen zuerst darin, daß ich Gott an mir handeln lasse. »Tut Buße«, sagt Petrus. Damit ist eine Änderung der ganzen Lebensrichtung, eine radikale Kehrtwendung gemeint, weg von mir und hin zu Gott. »Atmet um«, so haben wir die Grundbedeutung dieses Rufes beschrieben. Das kann ich aber nicht aus mir selber, dazu muß ich den neuen Atem des Heiligen Geistes empfangen.

Buße tun, sich bekehren, das meint sehr viel mehr, als neue Gedanken, Erkenntnisse, Erwartungen und Hoffnungen zu haben, das meint sehr viel mehr, als gute Vorsätze zu fassen und sie auch mit höchster Anstrengung zu verwirklichen. Buße tun heißt, aus der Abkehr in die Hinkehr durch Taufe, Vergebung und Geistempfang umgedreht zu werden. »Verkehrtes Geschlecht«, das ist ein schonungsloses Urteil über das fromme Israel. Verkehrt = krumm und verkrümmt, das ist der Mensch in der Abkehr von Gottes geradem Weg. Krumm wird er unter der Last seiner Sünde, verkrümmt im ständigen Drehen um sich selber, in der selbstrechtfertigenden Eigenliebe.

»Was sollen wir tun?« Wie oft wird diese ernstgemeinte Frage von uns so oberflächlich beantwortet. Wie viele christliche Predigten verrauschen in letztlich wirkungslosen Willensappellen. »Was sollen wir tun?« Reicht da als Antwort der Verweis auf die Not der Welt, das Hungerelend, die soziale und politische Ungerechtigkeit? So findet doch die Frage eines verkümmerten Menschen keine lösende Antwort. »Was sollen wir tun?« Haben wir den Mut, mit Petrus das rettende Handeln Gottes in Taufe und Sündenvergebung als erstes Tun zu bezeugen? Alles christliche Tun beginnt mit dem demütigen Sich-helfen-Lassen.

In die erschrockene Selbsterkenntnis hinein bezeugt die Predigt des Petrus den Retterwillen Gottes. Das ist die Grundlage christlicher Seelsorge, erwachsend aus dem vollmächtigen Zeugnis, der Verweis nämlich auf die Treue Gottes. »Euer und eurer Kinder ist diese Verheißung.« In aller Abkehr hält Gott seinem ungehorsamen Volk die Treue. Er ruft sie und viele andere unermüdlich her zu sich. Wer sich von ihm rufen und helfen läßt, empfängt die Kraft, die umwandelnde, neuschaffende Kraft des Heiligen Geistes.

Der Ruf zur Buße findet Gehör: Menschen setzen ihr ganzes Vertrauen auf das Wort und bezeugen das im öffentlichen Bekenntnis der Taufe. Die Lebenskraft des Christus sammelt die Gemeinde. Sie macht aus verkrümmten, verlorenen Menschen gerade, ihm vertrauende Nachfolger.

6. Der Geist Gottes wirkt Gemeinschaft

Es ist keine Augenblicksbewegung, die dann wieder stecken bleibt, die hier an Pfingsten geschieht. Viele Menschen haben sich schon erregen und anregen lassen von der Botschaft des Evangeliums. Aber sie sind nicht in Bewegung gekommen. »Sie blieben beständig«, darin liegt das Geheimnis der Vollmacht und des Wachstums des Glaubens. Beständig sein, eigentlich sich anklammern, sich festhalten, das verweist uns auf die Stütze des Glaubens:

»Die Lehre der Apostel.« – Sie haben ja nichts eigenes zu sagen. Sie verweisen die Nachfolger auf Jesu Wort und Leben. Das brauchen die Neubekehrten, das Wissen um Jesus, wie er gesprochen, gelehrt und gehandelt hat, sonst bleibt alle Bewegung stecken. Bekehrung stellt in die Nachfolge, das heißt in das Folgen der Spur Jesu. Jede Nachfolge aber bleibt stecken, wenn sie diese Spur nicht ständig vor Augen hat. Die Apostel, als Augen- und Ohrenzeugen, waren das »lebende Neue Testament« für die ersten Christen. Wir folgen der Spur Jesu heute nach dem geschriebenen Neuen Testament. Wer ohne das seinen Weg gehen will, der verläuft sich.

»Die Gemeinschaft« – Der Ruf zur Umkehr ergeht an den einzelnen, aber die Umgekehrten sammeln sich in der Gemeinde. Das Evangelium wirkt nicht lauter eigenbrötlerische Einzelgänger, sondern es ruft hinein in die Kirche, in die Gemeinschaft der Glaubenden. Gottes Heilsweg der Erwählung geht seit Abraham vom einzelnen zur Gemeinde, denn sein Heilswille ist umfassend. Die Gemeinde Jesu Christi, als sein Leib, bildet in aller Gebrochenheit den umfassenden Retterwillen Gottes für alle ab. Der Geist Gottes trennt nicht in isolierte Individuen, sondern er sammelt in brüderlicher Liebe die Gemeinde zum Reich Gottes.

»Das Brotbrechen« – hier wird diese Gemeinschaft real erlebt: Im Abendmahl, in dem der auferstandene Herr selbst in Brot und Wein gegenwärtig ist, sein Vergebungs- und Kraftwort zuspricht in der Verleiblichung der beiden Elemente. Das Abendmahl ist Gemeinschaftsmahl, in dem wir uns als die Gemeinschaft der Bedürftigen von ihm einladen und sättigen lassen. Es ist Vergebungsmahl, denn wir gedenken an des Herrn Tod in seiner Heilsbedeutung für uns Todgeweihte, und es ist Hoffnungsmahl, denn wir feiern es als Angeld auf die Tischgemeinschaft im vollendeten Reich Gottes.

»Das Gebet« – die Nachfolge führt uns zueinander in gemeinsamem Loben, Danken und in der ringenden Fürbitte. Jesus hat auf das gemeinsame Gebet eine besondere Verheißung gelegt. »Wo zwei oder drei eins werden, um was sie bitten, in meinem Namen, das soll ihnen gegeben werden.« Denn in solcher gemeinsamen Bitte wird am deutlichsten sichtbar, daß der Egoismus des alten Menschen überwunden ist und die Liebeskraft des Heiligen Geistes das Herz erfüllt. Das Gebet ist das Atmen des geistlichen Menschen; hier wird also das »Umschnaufen« tägliche Wirklichkeit.

Gottes Reich sammelt sich die Gemeinde des Reiches. Sie leben nun in der Furcht Gottes, die aller Weisheit Anfang ist. Nicht in der Furcht vor Strafe, sondern in dem staunenden, dankenden Zittern, daß der Heilige Gott so gegenwärtig geworden ist. In Wundern und Zeichen – dem Erweis, den Konturen der neuen Schöpfung, wird diese Nähe Gottes bei seiner Gemeinde deutlich. Die Gegenwart des neuschaffenden Geistes Gottes wird an diesen Wundern und Zeichen sichtbar. Das Wort wird beglaubigt, wie es der Herr selbst den Aposteln verheißen hatte.

Die Wunder sind Zeichen, Zeichen der Wirklichkeit Gottes, Zeichen seiner helfenden, heilenden, befreienden Macht, Zeichen der neuen Schöpfung, die mit der Auferstehung Jesu Christi begonnen hat. Darum »kam alle Seelen Furcht an«. Die Menschen, die solches beobachteten und erlebten, ahnten mit Zittern etwas von dieser radikalen Wende, in der die Gläubigen lebten. Das Dasein der Gemeinde Jesu Christi, noch ohne alle Worte, stellt die Welt und jeden Menschen zutiefst in Frage. Sie zeichnet in ihrer Gemeinschaft das Ende der alten Existenz und ist darin Erschütterung alles Gewohnten.

Wir stehen heute beschämt vor dem Zeugnis über diese erste Gemeinde und ihrer Wirkung auf die Welt. Ist von solcher Infragestellung und Erschütterung gewohnter Denk- und Lebensweisen durch unser Dasein noch etwas zu spüren? Sind wir als Kirche und Gemeinde nicht angepaßt an das Bestehende, oft geradezu Stütze der Gesellschaft, in der wir leben? Geht noch etwas von dieser Furcht vor Gottes Wirklichkeit von uns aus? Auch von uns ganz persönlich als Nachfolger Jesu? Wir wollen Gott ernstlich bitten, daß er uns als seine Nachfolger zu solch einem beunruhigenden Zeichen für die Menschen unserer Umgebung, für unsere ganze Welt macht.

7. Die Gemeinde lebt und wächst in Einmütigkeit

Das neue Leben in vom Geist gewirkter Gemeinschaft hat Konsequenzen. Der Name Bruder ist nicht nur bloßes Wort, sondern die Gemeinde lebt als Familie. Der eine weiß sich für den andern verantwortlich, nicht nur im geistlichen Miteinander, auch die leiblichen Bedürfnisse haben ihren Platz. Das geistgewirkte neue Leben findet und sucht auch neue Formen des täglichen Lebens. Der Egoismus – oft erschreckend ausgestaltet in Geiz und Habsucht –, den äußerer Besitz so leicht fördert, ist in der Gemeinschaft der Gläubigen überwunden. Die Gemeinde übt sich im Teilen. Jedes wird in seinen Bedürfnissen mitgetragen, keiner bleibt in seiner Not allein.

Sie waren beieinander einmütig. Darin liegt die Kraft der Gemeinschaft. Einmütig meint eigentlich von seiner Wortbedeutung im Griechischen aus »in gleicher Bewegung« sein. Also geht es nicht um eine gegenseitige Sympathie. Die Gemeinde Jesu Christi wird nicht durch Gefühle zusammengehalten. Wer mir Bruder und Schwester in Jesus Christus ist, das kann ich mir nicht nach Neigung aussuchen, denn »der Herr tat hinzu«. Gottes Geist führt die Gemeinde zueinander. Da liegt die Begründung der Einmütigkeit. Die christliche Einmütigkeit ist nicht in einer gleichen seelischen Beschaffenheit der Christen verwurzelt. Wir kennen die mancherlei persönlichen und sachlichen Gegensätze der frühen Gemeinden. Aber diese Spannungen ließen sich immer wieder zusammenfassen, sobald sich die Gemeinde dem Lob des einen Herrn zuwandte, deshalb: »sie lobten Gott«. Die herzliche Gemeinschaft, in der alle eines Sinnes sind, erwächst aus dem Lob der Rettungstat Gottes.

Im Tempel versammelte sich die erste Gemeinde zu ihrem Gebet und Gotteslob. Sie fühlte sich zur alttestamentlichen Gemeinde gehörig. Es ist derselbe Gott, den Israel in seiner Geschichte bekennt, dessen Lob in den Psalmen gesungen wird. Es ist derselbe Gott, der Jesus auferweckt hat und der Israel erwählt und zu seinem Volk gemacht hat. Es ist derselbe Gott, der in seiner Liebe in Geduld mit dem ungehorsamen Volk durchhält und dessen Liebe am Kreuz Jesu zu ihrem Höhepunkt kommt. Es ist derselbe Gott, den Israel im Tempel anbetet und den die Gemeinde der Gläubigen des Christus preist. Die Gemeinde Jesu will und kann sich nicht trennen vom ersterwählten Volk, vom »älteren Bruder«. Es ist eine schmerzliche Verfolgungsgeschichte, für die zum Beispiel der Name des Saulus von Tarsus steht, wie Israel in seiner Verstockung und Blindheit die Gemeinde Jesu ausstößt.

Die Gemeinde Jesu Christi zu allen Zeiten sucht nicht zuerst die Abgrenzung und Trennung. Gottes Geist, der in ihr lebt, ist vor allem ein Geist der Einheit und Gemeinschaft. Doch erleben wir es bis heute, in oft langem, tief schmerzendem Ringen, wie solche Trennung als Ausstoßung geschieht. Wir sind nicht auf Scheidung aus, als Gemeinde Jesu, aber der Name Jesu Christi scheidet. Sein Name und damit seine Person stellen den ganzen Tempelgottesdienst ja in Frage. Sein Opfer macht das tägliche Tempelopfer zunichte, seine Gnade steht wider die frommen Werke des Gesetzes. Da wird und muß Scheidung werden. Das sollten wir ernsthaft prüfen bei allen Trennungen, die es unter uns gibt, auch unter uns in derselben Kirche. Ist solche Scheidung aus unseren persönlichen Antrieben, aus unseren Ansichten oder gar aus unseren Sympathien und Antipathien heraus erfolgt? Dann leben wir wider Gottes Geist und verspielen die wichtigste Grundlage gesegneten Dienstes: die Einmütigkeit. Oder ist die Scheidung deshalb erfolgt, weil der Name Jesu Christi, und das heißt für uns heute sein Wort im Alten und Neuen Testament, zur Trennung geworden ist? Weil es nicht mehr umfassend anerkannt wird? Dann muß Scheidung sein. Aber Scheidung, die an dem, der sich trennt, leidet und für ihn bittet.

Die Gemeinde in Jerusalem »hatte Gnade bei dem ganzen

Volk«, sie wurde selber in ihrer Existenz zu einem einladenden, werbenden Zeugnis für ihren Herrn. Die Gunst der Menschen kann sich schnell wenden. Es ist Gnade unseres Gottes, wenn er uns solche Zeiten gewährt, wo die Gemeinde in Achtung steht. Das ist dann aber nicht eine Zeit, um sich in solcher öffentlichen Anerkennung selbstzufrieden zu sonnen oder gar um sie zu buhlen, sondern eine Zeit der offenen Türen, Zeit des Zeugnisses, wenn die Menschen um uns ihre Abneigungen und ihren Widerstand weglegen. Es ist Zeit herbeizurufen. Freilich, unser Zeugnis wirkt es letztlich nicht, Gott handelt. »Er tat hinzu täglich, die gerettet wurden, zu der Gemeinde.« So lebt und wächst seine Kirche, in Gottes endgültigem, rettendem Handeln durch Jesus Christus.

Ergebnisblatt zu Apostelgeschichte 4,1–22:
Der Widerstand der Juden

1. Der Aufbau des Textes

b) Gliederung:
Der Text hat drei Teile:
1. V. 1–4:   Verhaftung der beiden Jünger
2. V. 5–12:   Verhör und Antwort
3. V. 13–22: Verurteilung und Redeverbot

c) Höhepunkt:
Der Höhepunkt liegt in den Versen 12 und 20: Die Jünger mußten Gott mehr gehorchen als den Menschen und konnten es nicht lassen, davon zu reden, wie Jesus allein das Heil bringt.

2. Fragen zum Text

a) *Der Hauptmann des Tempels* (Sagan) war nach dem Hohenpriester der höchste Geistliche. Er führte die Oberaufsicht über das gottesdienstliche Leben und übte die polizeiliche Gewalt über den Tempelbezirk aus.

b) *Hoherpriester* konnte an sich nur einer sein. Das Amt war lebenslänglich. Aber die Römer setzten willkürlich ab und ein. Als hohepriesterliche Familien galten damals fünf Häuser. Zu diesen gehörten neben Hannas und seinem Schwiegersohn Kaiphas auch »Johannes und Alexander«, die nur hier erwähnt werden und von denen wir sonst nichts Näheres wissen.

Die Vielzahl von Hohenpriestern deutet den Zerfall des eigentlichen Hohenpriesteramtes an. Nur einer konnte am großen Versöhnungstag mit dem Blut ins Allerheiligste gehen.

Als die Juden im Jahr 66 n. Chr. die Freiheit errangen, wollten sie wieder *einen* Hohenpriester nach Gottes Willen und wählten darum den letzten, namens Pinchas, durchs Los.

Mit der Zerstörung des Tempels im Jahr 70 n. Chr. endete auch das alttestamentliche Priestertum. Es war schon zur Zeit der Apostel überholt: Jesus wurde durch sein Opfer am Kreuz zum wirksamen Hohenpriester. Das weist der Hebräerbrief eingehend nach, daß es seit Jesus keines Opferkultes mehr bedarf. Hoherpriester ist Jesus allein! Er ist der, der vor Gott für uns eintritt.

c) *Der Hohe Rat* (Synedrium), der höchste Gerichtshof der Juden, bestand aus 71 Mitgliedern (nach 4. Mose 11,16–17: Mose und die 70 Ältesten). Er setzte sich damals aus drei Gruppen zusammen: 1. Hohepriester und Oberpriester des Tempels. 2. Schriftgelehrte als die Gesetzeskundigen (meist aus der Pharisäerpartei). 3. Älteste, die weder Priester noch Schriftgelehrte waren, Leute aus angesehenen Adelsfamilien, die den Sadduzäern nahestanden.

3. Theologische Fragen

a) Petrus wehrt die Gefahr des Bewundertwerdens ab, indem er auf Jesus verweist: »Was ihr hier seht und hört, das hat Jesus, der auferstandene und erhöhte Herr vom Himmel her bewirkt!« Die Apostel weisen von sich weg auf den einen, in dessen Namen das Wunder geschah, in welchem Heil und Rettung ist.

b) Im Namen ist die Person gegenwärtig. Das hat folgende Auswirkungen:

1. Unser Glaube ist Glaube an den Namen Jesu Christi (z. B. Joh 1,12).

2. Der Glaube an den Namen Jesu Christi empfängt ewiges Leben (V. 12).

3. Der Name Jesu wird angerufen und bekannt, und der Name Jesu wird öffentlich bekannt gemacht (z. B. Kap. 5,41). Schon Jesus spricht vom »Leiden um seines Namens willen« (z. B. Mt 10,22).

4. Der Name Jesu ist keine leere Formel, sondern Vollmacht (Kap. 3,6 u. 4,30).

5. Wer Jesus Christus folgt und seinem Namen glaubt, der kann nicht anders: er muß allen Menschen in diesem Namen das Heil verkündigen. Das hat Jesus selber befohlen (Lk 24,47). – Die Jünger hätten über Gott lehren und gute Werke tun dürfen, und niemand hätte sie gehindert. Aber der Name Jesu, das gab den Anstoß (vgl. Kap. 4,17–18 mit 5,40). An diesem Namen hängt tatsächlich alles!

6. Entscheidendes Handeln der Gemeinde Jesu geschieht im Namen Jesu. Allerdings gibt es die Gefahr des Mißbrauchs (s. Mt 7,22 ff).

7. Gott hat Jesus erhöht und ihm einen Namen gegeben, der über alle Namen ist (Phil 2,9).

8. Was der Name Jesu bedeutet, erfährt jeder ganz persönlich im Gebet (s. Joh 16,23 u. Joh 14,13). In Apostelgeschichte 19,17 heißt es: »und der Name des Herrn Jesus ward hochgelobt.«

c) Die Spitze der Antwort des Apostels Petrus an den Hohen Rat besteht darin, daß er sagt: Wir können den Namen Jesus nicht verschweigen (V. 20).

d) Das Wort, das Luther in Vers 13 mit »Freudigkeit« wiedergegeben hat, wird in revidierten Lutherbibeln besser mit »Freimut« übersetzt. Das griechische Wort meint die äußere und innere »Redefreiheit«. Die Leute vom Hohen Rat wundern sich: Wer hat denn euch Redefreiheit gegeben, wo ihr doch »ungelehrte Leute und Laien« seid!?

Wem Gott Redefreiheit gibt, der hält sich nicht an äußere Redeverbote und wird »so frei«, daß er sich offen zu Jesus bekennt.

4. Kennzeichen der Boten Jesu Christi

a) Sie dürfen, können und sollen reden.

b) Sie reden und handeln immer im Auftrag Jesu (in seinem Namen).

c) Auch durch den Widerstand der Feinde Jesu lassen sie sich nicht davon abbringen.

5. Mission und Evangelisation heißt nach Apostelgeschichte 4,1–22:

Trotz Widerstand von außen mit Freimut den Namen Jesu bekennen.

Apostelgeschichte 4,1–22:
Der Widerstand der Juden

»Die Vollmacht des Namens Jesu«

»Wie hieß dein Ur-Großvater?« Viele müßten bei dieser Frage die Achseln zucken oder könnten erst nach genauen Nachforschungen antworten. So schnell wird ein Mensch vergessen. Schon nach drei Generationen ist er dem Gedächtnis seiner eigenen Nachkommen in der Regel entschwunden. Es ist schon ein wahres, ernüchterndes Wort, mit dem David in Psalm 103, Vers 15 und 16 das Leben des Menschen kennzeichnet: »Ein Mensch ist in seinem Leben wie Gras, er blüht wie eine Blume auf dem Felde; wenn der Wind darüber geht, so ist sie nimmer da, und ihre Stätte kennet sie nicht mehr.« Der Platz, auf dem diese Blume geblüht hat, ist schon bald von neuen Blumen und Gräsern bewachsen; die Blume ist völlig vergessen.

Gewiß, oft wird beim Tod eines Menschen eine schmerzliche Lücke gerissen. Die nächsten Angehörigen behalten ihn auch noch lange im Gedächtnis – aber gibt es nicht das bittere Sprichwort »Zeit heilt Wunden«, das doch wahr ist? Wie unecht klingen doch die pathetischen Worte am Grab, wenn versichert wird: »Wir werden ihn nie vergessen!« Ein Mensch wird vergessen, schneller als wir glauben. Mit dem rechneten auch die Führer Israels: Dieser Jesus wird das Schicksal aller Menschen erleiden, er wird vergessen werden. Deshalb erstrebten sie seinen Tod und atmeten wohl auf, als die Hinrichtung Jesu ohne großen Volksaufstand vorbei war. Das war ihr Gedanke und Wunsch: Möglichst baldiges Vergessen.

1. Der Name, der vergessen werden soll

Sehr klug und geschickt, so schien es, hatten die Führer Israels das Vergessen Jesu eingeleitet und durchgeführt. Wollten sie zunächst warten bis nach dem Passahfest mit ihrem

Zugriff, so nützten sie doch kurz entschlossen das Angebot des Judas aus und verhafteten Jesus in einer Nacht- und Nebelaktion. In ungewöhnlicher Eile ging der Prozeß von statten. Herodes und Pilatus wurden in aller Frühe fast aus dem Bett getrommelt. Selbst die zum Fest versammelte, gewaltige Pilgermenge, die ihnen zuvor noch Grund zum Abwarten schien, verstanden sie, vor vollendete Tatsachen zu stellen und sie gegen Jesus einzusetzen. Sie schienen ihr Ziel erreicht zu haben, als Jesus am Kreuz gestorben war, öffentlich gebrandmarkt als gotteslästernder Verbrecher.

Auch mit dem »Schock« der Auferstehungsnachricht wurden die Führer der Juden fertig. Sie zahlten den Soldaten Bestechungsgelder und erfanden die Lügengeschichte, der Leichnam sei gestohlen worden und brachten das wirkungsvoll unter das Volk.

Verständlich also der Ärger, als die Apostel anfingen, in aller Öffentlichkeit wieder von diesem Jesus zu reden. Das ganze, so klug eingefädelte Programm, drohte zu scheitern. Zunächst griff der Hohe Rat zum bewährten Mittel der Einschüchterung durch Gewalt. Der Tempelhauptmann, der höchste Geistliche nach dem Hohenpriester, mit polizeilichen Vollmachten ausgestattet, verhaftete Petrus und Johannes und steckte sie zunächst einmal für eine Nacht ins Gefängnis, um sie mürbe zu machen.

Der Name soll vergessen werden, dieser Plan hat durch die Jahrhunderte hindurch die Verkündigung des Evangeliums von Jesus Christus begleitet. Schon die ersten Christengemeinden erlebten Vertreibung und Verfolgung bis hin zum Märtyrertod wegen dieses Vorsatzes. So wie hier Petrus und Johannes, so werden bald darauf viele in größten Druck kommen. In Rom bilden die brennenden Kreuze der hingerichteten Christen eine schauerliche Beleuchtung der kaiserlichen Gärten. Die Geschichte der frühen Christenheit ist eine Geschichte des Leidens um des Namens Jesu willen. So hat es der Herr seinen Jüngern und seiner Gemeinde ganz nüchtern angesagt: »Ihr werdet gehaßt sein von jedermann um meines Namens willen« (Lk 21,17).

Der Name Jesu soll vergessen werden. Mit welcher Sicherheit wurde das am Anfang unseres Jahrhunderts von den führenden Männern der kommunistischen Revolution in Rußland vorhergesagt. Und es blieb nicht bei einer geistigen Auseinandersetzung. Bis heute wird in diesen Ländern oft unverhüllt sogar brutale Gewalt gegen Christen eingesetzt. Aber, der Name Jesu wird auch heute noch dort bezeugt, die Zahl der Bekenner nimmt sogar zu. Ein eindrückliches Beispiel ist heute das kommunistische China: Jahrzehntelang von der übrigen Welt abgeschlossen, hörte man nur unklare Lageberichte. Eines aber war ganz klar: Die Staatsführung ging mit aller Schärfe gegen die Christen vor, zerschlug die Gemeinden und zerstörte die lange aufgebaute Missionsarbeit. Doch heute, wo dieses Land sich zögernd öffnet, sehen wir mit dankbarem Staunen: Der Name Jesus ist auch in den Jahren der Verfolgung nicht verstummt. Die Gemeinde wurde nicht ausgelöscht. Gott hat sie in schwerster Zeit durchgetragen, und heute öffnen sich dort ungeahnte Möglichkeiten zum Zeugnis.

Das Bekenntnis des Namens Jesu erregt die Feindschaft und den Haß der Welt. Wir sagen bewußt nicht, der Menschen, denn der Grund dieser Feindschaft liegt in dem Angriff, der erfolgt, wo der Name Jesus verkündigt wird. Es ist nicht ein Angriff gegen Menschen, sondern gegen den Herrn dieser Welt, gegen den Satan selbst. Der macht Menschen, die ihm dienen, dann zu Handlangern seiner Gegenattacken. Wo der Name Jesu Christi genannt wird, da wird der Herrschaft des Bösen entgegengetreten, und das gibt Kampf und Feindschaft. Auch die Führer Israels waren solche Handlanger des Herrn dieser Welt. Das hat ihnen Jesus schon auf den Kopf zugesagt, wenn er sie als »böses und abtrünniges Geschlecht« bezeichnet. In ungewohnter Schärfe wiederholt er gegen sie die Bußworte Johannes des Täufers: »Ihr Schlangen, ihr Otterngezücht! Wie wollt ihr der höllischen Verdammnis entrinnen?« (Mt 23,33). So hart dieses Urteil ist, es ist noch nicht endgültig. Jesus will sie ja herausrufen aus der satanischen Knechtschaft.

Haben wir in aller Feindschaft und dem Haß, der uns um Jesu willen entgegentritt, noch diesen nüchternen Blick? Es sind letztlich nicht die Menschen, die hassen, sie selber sind Getriebene, zum Haß Erweckte, Sklaven des Satans und die,

die seine finsteren Gedanken ausführen. Dieser Durchblick bewahrt die Jünger Jesu vor Gegenhaß und Feindschaft. Nur so können sie Jesu Anweisung lernen: »Liebet eure Feinde, segnet, die euch fluchen; tut wohl denen, die euch hassen; bittet für die, so euch beleidigen und verfolgen« (Mt 5,44). Deshalb hatte Jesus am Kreuz kein Wort des Hasses für seine Peiniger. Er betet für sie um Vergebung und Rettung, daß ihnen die Augen aufgetan würden für ihre wirkliche Lage. Die Gemeinde hat in Feindschaft und Verfolgung die Gabe des liebenden Blickes. Sie kann auf Drohung mit Segen, auf Feindschaft mit Liebe und auf Ablehnung mit Zuwendung reagieren. Darin liegt der Segen des Leidens. Eben in solcher geduldigen, liebenden Werbung für Jesus, die dann schon viele überwunden hat. Leiden ist auch eine – oft sehr gesegnete Form – christlicher Mission.

Der Name Jesu soll vergessen werden. Die sicherste Art, das zu erreichen, schien nach aller menschlichen Erfahrung sein Tod zu sein. Doch Gott hat ihn auferweckt, er hat ihn dem Vergessen entrissen. »Meine Feinde reden Arges wider mich: ›Wann wird er sterben und sein Name vergehen?‹« Dieses Psalmwort Davids (Ps 41,6) kennzeichnet die Gedanken der Führer Israels. Doch Gott antwortet, wie es David bekannte: »Er zog mich aus der grausigen Grube..., er hat mir ein neues Lied in meinen Mund gegeben« (Ps 40,3–4). Darum ist das Zeugnis von der Auferstehung Jesu Christi der Scheidepunkt und das Angriffssignal. Sein Name kann nicht vergessen sein, denn der Träger dieses Namens lebt. Er ist nicht verwest im Grab, er ist von Gott auferweckt worden. Wenn die Auferstehung Jesu bezeugt wird, dann wird gleichzeitig die Niederlage des Herrn dieser Welt verkündigt, dessen »todsichere« Waffe, der Tod selbst, nun stumpf geworden und als letztlich wirkungslos entlarvt ist. Da muß es zum Kampf kommen. Dieses Zeugnis von dem auferstandenen Jesus kennzeichnet das Scheitern aller Pläne der Führer Israels. Ja, es entlarvt ihr so klug eingefädeltes Tun als widergöttliches Handeln. Es zeigt sie in ihrer Verkehrtheit und Bosheit. Darum können sie solche Verkündigung nicht hinnehmen.

Die Auferstehung Jesu Christi ist die unaufgebbare Grundlage aller christlichen Mission und Evangelisation. Sie erweist Jesus Christus als den Lebendigen. Nimm die Auferstehung weg – und es bleibt die historisch sicher interessante Erinnerung an einen guten Menschen, der aber letztlich doch gescheitert ist. Nimm die Auferstehung weg – und es bleiben bedenkenswerte Worte und Gedanken, die sicher befruchten, aber letztlich ohne Kraft sind. Nimm die Auferstehung weg – und es bleibt die sicher beeindruckende Leistung einiger Männer, die Menschen zu einer Gemeinde gesammelt haben, die viel in dieser Welt verändert haben, aber letztlich doch als Betrüger dastehen. Nimm die Auferstehung Jesu weg – und es bleibt ein sogar mitreißender Entwurf verwirklichter Mitmenschlichkeit, aber das ist dann eine Ideologie unter vielen. Ohne die Auferstehung Jesu wäre das Evangelium eine sicher interessante Lehre, eine Heilslehre sogar und damit eine Ideologie. Der lebendige Christus wehrt aller Ideologisierung. Seine lebendige Gegenwart im verkündigten Wort wehrt aller solcher Verkehrung.

Nimm die Auferstehung weg, ja, genauer müßten wir sogar sagen: Nimm den Auferstandenen weg. Wir glauben ja nicht an den Lehrsatz von der Auferstehung Jesu Christi, sondern wir glauben und das heißt: wir vertrauen und leben mit dem auferstandenen Christus. So schnell wird aus dem Evangelium eine Heilslehre, eine Ideologie, wenn auch in christlichem Gewand. Dann nämlich, wenn seine Nachfolger nicht mehr mit seiner lebendigen Gegenwart rechnen. Die Pharisäer zur Zeit Jesu glaubten fest an die Auferstehung und führten scharfe Auseinandersetzungen mit den liberalen Sadduzäern, die solche Gedanken ablehnten. Das ist also nicht der Anstoß an dem Zeugnis der Apostel, daß sie die Auferstehung bezeugen. Daß sie die Auferstehung J e s u   C h r i s t i verkündigen als eine geschehene Tatsache, das bringt das ganze Glaubenssystem der Pharisäer ins Wanken.

Es gibt eine Theologie, es gibt einen Glauben, es gibt sogar »christliches« Handeln und Leben ohne die Wirklichkeit der Auferstehung. Solche Theologie erschöpft sich aber weithin in historischen Aussagen. Die biblischen Zeugnisse werden ihrer

Tatsächlichkeit entkleidet und als Gedanken von Menschen über Menschen verstanden. Denn wenn Gott nicht gehandelt hat – und das entscheidet sich eben in seinem Handeln am toten Jesus –, dann sind die biblischen Schriften Ergebnisse menschlicher Denkanstrengungen. Solcher Glaube, ohne die Wirklichkeit der Auferstehung, ist Ergebnis menschlicher Angst. Er gründet in einer allgemeinen Lebensphilosophie und sieht Gott als ein höheres Wesen ohne persönliche Umrisse. Das »christliche« Handeln, das aus solcher Theologie und solchem Glauben folgt, bewegt sich in den Denklinien einer allgemeinen Mitmenschlichkeit. Es ist gekennzeichnet durch einen oft bewundernswerten Einsatz an Willen und Kraft, doch letztlich zur Selbstbestätigung dienend. Ohne den Auferstandenen ist alles Tun umsonst.

Doch hüten wir uns vor dem Wegzeigen. Auch in einer Kirche, die die Auferstehung Jesu lehrt und glaubt, droht immer wieder die Gefahr des »Lehrglaubens«, der leerer Glaube ist. Wir glauben nicht an die Auferstehung als Dogma und Lehrsatz, sondern wir vertrauen dem Auferstandenen, weil er uns als lebendige Wirklichkeit begegnet. Das ist der Grund der freimütigen Predigt des Petrus und Johannes, denn »sie haben selbst gesehen und gehört«, deshalb reden sie. Wo unsere persönliche Lebensverbindung mit dem auferstandenen Christus abreißt, da wird bei allem Glauben christliche Nachfolge zur tötenden Gesetzlichkeit.

Der Name soll vergessen werden, das ist die ständig verfolgte Absicht des Herrn dieser Welt. Nicht die Abschaffung des Christentums, das wäre leicht durchschaubar. Nur der Name Jesu Christi und damit seine lebendige Gegenwart selbst, soll in Vergessenheit geraten. Die Gemeinde Jesu steht zu allen Zeiten in der Versuchung, aus der Auferstehung nur einen Lehrsatz, aus der Theologie ein System und aus dem vertrauenden, handelnden Glauben einen toten, gesetzlichen Buchstabenglauben zu machen. Nur der auferstandene Herr selbst in seiner weisungsgebenden Gegenwart kann uns davor bewahren. Darum dürfen wir bitten.

2. Der Name, in dem das Heil ist

Der Name Jesus Christus ist kein magisches Beschwörungszeichen. Viele Juden hießen Jesus. Das heißt auf deutsch: Gott ist Hilfe, Gott ist Heil, etwa unserem bekannten Namen »Gotthilf« entsprechend. Viele Eltern gaben ihren Söhnen diesen Namen, als Dankesnamen, vielleicht zum Bekenntnis nach langem Warten auf ein Kind, »Gott hat uns geholfen« oder auch als Bitt- und Bekenntnisnamen »Gott hilf uns«, »Gott ist Hilfe«. Maria gibt ihrem ersten Sohn diesen Namen auf ausdrücklichen Befehl des Engels, der ihr seine Geburt ankündigt. Der Engel begründet diesen Namen. Er enthält das Heilsprogramm Gottes: Dieses Kind ist das sichtbare Zeichen, daß Gott hilft, denn »er wird sein Volk retten von ihren Sünden« (Mt 1,21).

Christus ist der Titel Jesu. Er bezeichnet seine Person in Auftrag und Werk. Das griechische Wort heißt auf deutsch: »der Gesalbte« und entspricht damit dem hebräischen Wort »Messias«. Gesalbt wurde der, den Gott berufen und auserwählt hat. Solche Salbung sollte wohl zeichenhaft die Reinigung abbilden; auch der Wohlgeruch des Salböls konnte die Aufgabe des Berufenen darstellen, ein Wohlgeruch für die anderen zu sein, ihnen zum Heil zu sein. Die alttestamentliche Salbung als Geistverleihung des Geistes Gottes ist im Neuen Testament und in der Geschichte der Gemeinde in der Taufe weitergeführt.

Name und Titel stehen zur Beschreibung der Person. Ein Name hat seinen Zweck darin, den betreffenden Menschen anzureden, zu rufen, ja, herbeizurufen. Was nützt ein Name, wenn der Träger des Namens nicht mehr hören kann, wenn er tot ist? Er kann dann höchstens noch in stiller Klage oder lautem Seufzen genannt werden, aber es erfolgt keine Reaktion mehr.

Der Name Jesus ist das Heil der Welt, Petrus sagt es in seiner Pfingstpredigt unter Aufnahme des Alten Testamentes sehr deutlich: »Und es soll geschehen, wer den Namen des Herrn anrufen wird, soll gerettet werden« (Apg 2,21). Das bezeugt er auch den Obersten, Ältesten, Schriftgelehrten und

Hohenpriestern in aller Schärfe: »In keinem andern ist das Heil, ist auch kein anderer Name unter dem Himmel den Menschen gegeben, darin wir sollen selig werden.« Wo dieser Name bezeugt wird, da ist der Träger des Namens selbst gegenwärtig. So wird die Verheißung des Auferstandenen wahr, der seinen Boten verheißt: »Und siehe, ich bin bei euch alle Tage bis an der Welt Ende« (Mt 28,20). Unser Glaube ist Glaube an den Namen Jesu Christi in einem doppelten Sinn. Einmal: Er ist in seiner Person, wie seine Worte und seine Taten, gipfelnd in seinem Sterben für unsere Sünden, zeigen, die Rettung Gottes. Auf keine andere Weise kann ein Mensch gerettet und damit selig werden, als daß er sich von Jesus retten läßt. Alle anderen Religionen, Philosophien, Heilslehren und Rettungsangebote sind Verführung und Täuschung. Gott hat dem Menschen nur in Jesus Christus den Heimweg eröffnet. Ohne ihn gibt es kein Heil. Und zum zweiten: Der Name Jesu Christi bekennt seine Gegenwart. Wir reden nicht von einem Toten. Wir erinnern uns nicht an Vergangenes. Wo der Name vertrauend gerufen und bezeugt wird, da ist der lebendige Herr in seiner Kraft auch da.

Ist das nicht ein überhöhter Anspruch? Nur im Namen Jesu Christi könne ein Mensch gerettet werden? Dieser Absolutheitsanspruch des christlichen Zeugnisses hat zu allen Zeiten Anstoß und Ärgernis erregt. Das muß auch so sein. Denn mit Jesus Christus sagt Gott deutlich und endgültig Nein zu allen Selbsthilfeprogrammen zur Rettung, die Menschen je unternommen haben oder unternehmen. Er entlarvt sie in ihrem Versagen, ihren Irrwegen als nutzlose Anstrengungen. Erst wer das Nein Gottes gehört hat, der kann das beglückende, rettende Ja in seiner ganzen Tiefe und Weite ermessen und fassen. Nie aber darf die christliche Gemeinde in überlegenem Stolz diese Ausschließlichkeit des Heils durch Jesus Christus anderen abweisend entgegenhalten. Das Nein ist immer unbarmherzig, wenn es nicht vom anbietenden Ja umfaßt und begleitet wird. Petrus redet hier ja nicht in einem verurteilenden Lehrgespräch, er bekennt diese alleinige Rettung durch Jesus vielmehr in missionierender Liebe. Der Absolutheitsanspruch Jesu Christi ist für seine Nachfolger immer höchster Ansporn zur Mission, zum klaren Zeugnis und nie zu einem beruhigenden Ruhekissen für Sichere. Wenn das geschieht, dann stirbt der Glaube ab.

Wir sollen als Gemeinde Jesu nicht soviel darüber disputieren, ob denn alle, die Jesus nicht kennen, dann verlorengehen. Millionen kennen Jesus nicht, weil sie nie von ihm gehört haben – das ist unsere Aufgabe. Bei aller Achtung vor den großen Leistungen und moralischen Anstrengungen der Religionen – Religion ohne Jesus Christus ist teuflische Verführung. Das Evangelium von Jesus Christus ist die letzte Kritik aller menschlichen Religion. Hier ist kein Ausgleich, etwa im Sinne der Zusammenfassung aller guten Gedanken möglich. Nur der, der alle eigenen Anstrengungen fahren läßt, der nur auf Jesus vertraut, der kann gerettet werden. Wir wollen es mit einem drastischen Bild ausdrücken: Ein Rettungsschwimmer hat die Aufgabe, Ertrinkende zu retten. Er kann es aber nicht tun, wenn sich der, der am Ertrinken ist, gegen die Rettung wehrt oder sie unmöglich macht, weil seine eigenen, planlosen Versuche kein Zufassen möglich machen. Davor hat jeder Rettungsschwimmer Angst, daß solche Eigenversuche jede Hilfe unmöglich machen, ja den Retter sogar selbst gefährden.

Freilich, es ist ein erschreckendes Urteil, das damit über unsere Bemühungen ausgesprochen ist. Aber das Evangelium bezeugt solches nicht nur zum Schrecken, sondern will zum heilsamen Erschrecken helfen.

Petrus gebraucht ein anderes Bild, um die jüdische Gesetzesfrömmigkeit in ihrer Täuschung und Vergeblichkeit zu zeigen. Er nimmt darin Verheißungsworte aus Psalm 118,22 und Jesaja 28,16 auf: Jesus Christus, »das ist der Stein, von euch Bauleuten verworfen, der zum Eckstein geworden ist«. Die Heilsgeschichte Gottes wird hier im Bild eines Bauwerkes gesehen. Beide Deutungen des Begriffes »Eckstein« sind dabei möglich: Jesus Christus ist der Fundamentstein, der das ganze Haus trägt, wie es Paulus sagt: »Einen andern Grund kann niemand legen, außer dem, der gelegt ist, welcher ist Jesus Christus« (1 Kor 3,11). Oder: Jesus Christus ist der »Haupt«-

Stein, der Schlußstein, der das ganze Gewölbe abstützt und trägt, ohne den alles zusammenstürzt.

Bauleute, so nennt er die Führer Israels. Das ist und bleibt die Aufgabe und Würde aller, die Gott erwählt und beruft, mitzubauen an seinem Plan des Heiles. Wie vernichtend aber bezeugt es der Apostel diesen Bauleuten in dem Freimut des Heiligen Geistes: Was sie verachtet haben, als unbrauchbaren und störenden Baustein beiseite geworfen haben, das ist der unentbehrliche Stein, der erst das Gebäude gründet und vor dem Einsturz bewahrt.

Heil und Rettung gibt es nur durch Jesus Christus: Das ist der Heilsratschluß Gottes. Darum ist der Name Jesu Christi über allen anderen Namen. Paulus bezeugt in Phil 2,9: »Darum hat ihn auch Gott erhöht und hat ihm den Namen gegeben, der über alle Namen ist.« Gott selbst hat diesen Namen hineingerufen in das verschlossene Steingrab am Fuße des Galgenberges und seinen Sohn aus dem Tod herausgerufen. Er hat ihn »erhöht«, das heißt, Gott selbst hat seinen Sohn über alle Maßen hoch emporgehoben, er hat ihn von den Toten auferweckt und damit zum Ersten der neuen Schöpfung gemacht. Er hat damit in ihm dargestellt und gezeigt, was in dieser vergehenden Welt vorher unvorstellbar war, nämlich die Wirklichkeit der neuen Schöpfung. Er hat ihn erhöht, das heißt, Gott hat seinem Sohn alle Macht gegeben, ihn auf den Herrscherthron zu seiner Rechten gesetzt und damit als Herrn und Christus erwiesen.

Darum geschieht kirchliche Verkündigung in Wort und Tat im Namen Jesu Christi. So wirkt sie Heil und Rettung. Wo dieser Name nicht mehr genannt wird, da ist das Evangelium zur Ideologie entleert, da ist keine Vollmacht mehr, da geschieht keine Rettung, da bleibt der Mensch in seinen Sünden.

3. Der Name, der Vollmacht verleiht

Die Führer Israels merken sehr genau, woher die Bedrohung auf sie zukommt. Wunder hatte es in Israel durch von Gott bevollmächtigte Männer immer wieder gegeben. Doch die

Heilung des Lahmen – der Anlaß für die Verhaftung des Petrus und Johannes – geschah ausdrücklich im Namen Jesu Christi. Der, den sie durch den Tod endgültig zum Schweigen bringen wollten, dieser Jesus von Nazareth, hatte durch seine Zeugen seine Kraft erwiesen. Fünftausend Männer wurden gläubig, durch die Verkündigung der Apostel, bekräftigt durch diese Wundertat. Die Heilung war ihnen zum Zeichen, zum Wegweiser zu Gott geworden. Sie waren nicht an den Personen der Apostel hängen geblieben, auch nicht nur tief beeindruckt von der Größe der Tat, sondern sie ließen sich anleiten von diesem Zeichen zum Vertrauen auf Jesus Christus. Das ist und bleibt die Aufgabe des Wunders. Es soll Hinweiszeichen auf die Wirklichkeit Gottes und seine Heilsvollendung sein. Die Kraft des Evangeliums bricht hier durch, bricht hier augenfällig ein, in die düstere Wirklichkeit der vergehenden Welt, so daß selbst die Ablehnenden sagen müssen: »und wir können's nicht leugnen.«

»Aus welcher Kraft oder in welchem Namen habt ihr das getan?« so fragen die Führer Israels die beiden Apostel. Das ist auch eine versucherische Frage für die Apostel. Sie könnten bei sich selber bleiben und auf ihre Kraft verweisen, sich mit eigenem Namen beglaubigen. Es ist die alte Versuchung, der Entschluß des trotzigen Menschen, »wir wollen uns einen Namen machen«. Das ist eine Versuchung, die aber auch das christliche Zeugnis und Handeln begleitet, als sich einschleichender Hochmut, die Vollmacht raubt, und im Eigenruhm schließlich vom Christus trennt. Geschieht unser Dienst und Zeugnis zur Verherrlichung des Namens Gottes in Jesus Christus? Wir wollen uns diese klärende und reinigende Frage stellen lassen.

Es ist das gleiche Gericht, vor dem Jesus stand und das auch ihm die Frage stellte: »In welcher Vollmacht tust du dieses?« Es ist die Erfüllung der Voraussage Jesu, daß seine Zeugen vor die Gerichte zitiert werden. Da aber erweist sich auch die Wirklichkeit seiner Verheißung, daß der Jünger sich davor nicht zu sorgen braucht, denn nicht sie müssen reden, sondern der Heilige Geist wird ihnen die Worte geben, denn »Petrus, voll der Kraft des Heiligen Geistes sprach zu ihnen«, so bezeugt es Lukas. Der Herr steht bei seinem Zeugen. Das ist die Vollmacht, die wirkende Kraft des Zeugen. Der Herr selbst ist in seinem Geist gegenwärtig, er selbst streitet für ihn.

Es ist ja schon ein Gegensatz in dieser Verhandlung: Hier der Kreis der hochgelehrten, in aller Schriftauslegung und Frömmigkeit wohl bewanderten Führer Israels. Eine Versammlung von Geist, Verstand und Kenntnis, die in Israel ihresgleichen suchte. Und dort zwei einfache, ungelehrte Männer, Fischer aus dem abseitsgelegenen Galiläa, die nicht einmal die heilige Sprache der Schriften rein sprechen konnten. Hier die geballte Macht geistlichen und weltlichen Gerichts und dort keine Macht und kein Ansehen. Aber: »sie wußten auch von ihnen, daß sie mit Jesus gewesen waren.« Hier liegt der Anspruch und die Vollmacht der Zeugen Jesu, sie sind mit ihm, ja, er ist mit ihnen. Dagegen verblassen alle anderen Qualitäten, da wird Geist, Verstand, Wissen, Macht, Anspruch und Frömmigkeit anderer in ihrer Hohlheit und trügerischen Täuschung entlarvt. Das ist die tragende Gewißheit der Zeugen Jesu Christi bei ihrem Zeugnis: Die Gegenwart des auferstandenen Herrn macht alle anderen Mächte letztlich wirkungslos. Daraus kommt der Freimut der Zeugen.

Es ist ja schon ein Gegensatz bei dieser Verhandlung: Dort die Anwendung der Gewalt. Durch das Gefängnis sollten die Jünger eingeschüchtert werden; die volle Ratsversammlung sollte ihnen den Ernst der Drohung vor Augen führen, die herrische Frage nach ihrer Vollmacht ihnen die Ungesetzlichkeit ihres Tuns bewußt machen. Doch die Jünger antworteten in der Freiheit der Nachfolger, der Gehaltenen und Beauftragten mit einfachem Freimut. Sie suchen nicht ängstlich das Wohlwollen, sie werden nicht selbstbewußt frech oder trotzig; auch keine Entrüstung über die ungerechte Behandlung klingt durch: in nüchterner Klarheit legen sie Zeugnis für die Wirklichkeit des auferstandenen Christus ab. Solche Gelassenheit fließt nicht aus eigenem Vermögen. Sie muß auch nicht durch mühsames Abwürgen aufsteigender Gefühle gewonnen werden. Es ist die Gelassenheit des Vertrauens auf die Macht Jesu Christi. Wir bekämpfen bei unserem Zeugnis niemand mit menschlichen Methoden, wir bitten um die Klarheit und den Freimut des Heiligen Geistes.

Unter diesem offenen Freimut wandelt sich die Verhandlung. Der Hohe Rat wird ratlos. Hinter verschlossenen Türen, ohne die beiden unbequemen Zeugen, wird die Halt- und Hilflosigkeit der Bemühungen deutlich. Sie finden keinen Ansatzpunkt für durchgreifende Maßnahmen. Solche Bewahrung erfahren die Zeugen durch ihren Herrn. In allen Anfeindungen und Anklagen bieten sie keinen Aufhänger für berechtigte Anwürfe. Nicht, weil wir als Menschen fehlerfrei und ohne Angriffsflächen wären. Vielmehr ist es die Weisheit des Heiligen Geistes – wenn wir ihm und nur ihm folgen –, daß er uns vor solchen Fallen bewahrt. Es geht eben nicht um die Person des Boten, sondern um seinen Auftraggeber, und der allerdings ist von menschlichen Anwürfen nicht zu erreichen. Deshalb ist es entscheidend wichtig, daß bei unserem Zeugnis unsere eigene Person keine Rolle spielt, sonst sind wir leicht zu fällen. Das muß klar werden: wir stehen für unseren Herrn. Dessen Macht aber ist nicht zu leugnen. Er läßt den stärksten Angriff scheitern.

Sie können die Kraft Jesu Christi nicht leugnen, aber sie einzuordnen und umzubiegen, das versuchen sie. Solch eine Heilung wäre für sich genommen in Israel nicht neu, doch die Behauptung, die Kraft Jesu Christi habe das bewirkt, das ist der Zündstoff. Die theologischen Fachleute können das nicht hinnehmen. Ein Wunder erregt Aufsehen. Ganz Jerusalem wird davon bewegt. Das kann noch hingenommen werden. Nicht aber die Berufung auf den Namen Jesu Christi. Er, der als Gotteslästerer gebrandmarkt ist, hat keinen Platz im Glaubens- und Denksystem der Frommen Israels. So lautet also ihr Beschluß: In keinem Fall darf das Zeugnis von der Kraft Jesu Christi weitergehen und im Volk ausgebreitet werden. Ist das nicht eine kleine Auflage? Den Aposteln wird nicht das Wirken, Reden und Lehren verboten, nur – nicht mehr im Namen Jesu soll das geschehen. Dann wären sie aller Bedrückung ledig.

Doch damit wäre aller Verkündigung die Grundlage entzogen. Das ist der Punkt. Es geht um den Namen Jesu Christi, um die Wirklichkeit des Auferstandenen, um das Zeugnis: »Gott hat am Letzten gehandelt durch den Sohn.« Petrus und Johannes antworten auf das Ansinnen und die Drohung des Hohen Rates mit einem glatten Nein. Es ist ein Nein, das nicht vom Trotz, von Widerstand oder von der Ablehnung der Obersten Israels geleitet ist, sondern vom Gehorsam gegenüber dem auftraggebenden Herrn. Sie machen deutlich, daß es gar nicht ihre eigene Entscheidung ist, sondern daß sie selbst Getriebene sind, Getriebene des Heiligen Geistes. »Wir können's ja nicht lassen«, so beschreiben sie den innersten Antrieb ihres Lebens. So steht es also mit den Zeugen Jesu Christi. Sie müssen sich nicht zwingen, Zeugnis abzulegen. Sie sind Getriebene Gottes. Es ist die Atemluft, die zum Leben notwendig ist, für den Nachfolger. Mission und Evangelisation sind nicht Anliegen unter anderen für den Christen. Es ist die Lebensäußerung des Nachfolgers, sonst ist er tot, weil ohne Atem.

Dabei ist kein Kompromiß möglich, etwa der, der »wortlosen Verkündigung« oder der, daß vom Grund des Glaubens gesprochen wird. Es gibt kein christliches Zeugnis des Wortes und der Tat ohne die Berufung auf Jesus Christus. Dieser Weg ist ein Irrweg, daß die Gemeinde Jesu Christi in dieser Welt mitarbeiten und mithelfen soll, daß die tiefen Übel wie Hunger, soziale und politische Ungerechtigkeit überwunden werden, sie im übrigen aber schweigen soll von dem, was sie zur Gemeinde macht, um andere nicht vor den Kopf zu stoßen. Dann hat ihre Existenz keine Vollmacht und keinen Auftrag mehr. Die tödliche Gefahr für das Leben der Gemeinde liegt im Verschweigen des Namens Jesu.

Noch drohen die Führer Israels nur. Doch die Wetterwolken ziehen über der jungen Gemeinde auf. Noch, wie bei Jesus, ist die Gunst des Volkes ein Schutzschild, das die Bekenner vor dem Ärgsten bewahrt. Wie schnell kann sich solche Gunst wandeln! Dann wird das Leiden das Zeugnis begleiten. Noch loben sie alle Gott über das, was geschehen ist. Noch zucken die Richter zurück. Bald wird das Lob verdrängt, der Widerstand wird zunehmen. Die Apostel haben im ersten Sturm die Wirklichkeit der Verheißung ihres Herrn erfahren dürfen. Sein

Heiliger Geist hat ihnen Freimut, Zeugniskraft und Geduld gegeben. Wie ein Probelauf für härtere Gangart mutet unser Bericht an. Es liegt Gnade Gottes – damals wie heute – in solchem Probelauf des Leidens. Wir dürfen uns bewähren. Wir gewinnen in wachsendem Widerstand den geistgewirkten Freimut des offenen, angreifenden Bekenntnisses zu der Macht des Namens Jesu Christi.

Ergebnisblatt zu Apostelgeschichte 7,1–59: Die Predigt des Stephanus

1. Der Aufbau des Textes:

b) Gliederung:

1. V. 1–53:   Die Heilsgeschichte Gottes mit Israel und der Unglaube des Volkes.

    a) Abraham bis Ägypten   V. 2–19

    b) Mose und der Auszug   V. 20–44

    c) Josua bis Salomo   V. 45–50

    d) Der Unglaube des Volkes   V. 51–53

2. V. 54–59: Der Märtyrertod des Stephanus.

c) Höhepunkt:

Die Verse 51,52 und 58,59 so zusammengefaßt: Israel widerstrebt durch seine ganze Geschichte dem Heiligen Geist, tötet Jesus und seinen Zeugen Stephanus. Trotzdem bitten beide für das Volk.

2. Fragen zum Text

a) Das *Besondere* an der Predigt des Stephanus ist seine Aussage, daß der Ruf Gottes an Abraham schon in Ur in Chaldäa kam. Er war die treibende Kraft für den Wegzug der Familie aus Ur (Stadt der Kultur – Erfindung der Schrift – Hauptort des Mondkultes). Die Familie blieb aber unter Vater Tharah in Haran (Handelsstadt – sehr reich – auch hier lebt der Mondkult). Erst nach dem Tod des Vaters zieht Abraham endgültig weiter nach Kanaan.

    – Gott kommt, auch durch lange Pausen, zum Ziel seines Planes.

    – Er gebraucht Abraham, im hohen Alter (schon 80 beim Auszug aus Haran).

    – Sehen wir heute noch den Segen bewährten Alters?

b) Die *Beschneidung* ist das Bundeszeichen. Unreines wird hinweggetan. Nicht Israel hat die Beschneidung von Ägypten übernommen, sondern wohl (geschichtlich genauso wahrscheinlich) die anderen Völker von ihm. Die Beschneidung ist somit Zeichen der Hingabe: Wie ich von Natur aus bin, kann ich nicht zu Gott gehören! – Das gilt auch für den Neuen Bund: Dort ist das »Zeichen«, die Hingabe nicht äußerlich: Ich darf meine Sünde hergeben.

c) Das Land *Midian* (Streit, Zank ist die Wortbedeutung) ist der Wohnsitz des Stammes Midian in der syrisch-arabischen Wüste. Midian ist der Sohn Abrahams von seiner zweiten Frau Ketura. Er hat nicht Anteil an der Verheißung. Seine Nachkommen bereiten Israel viel Mühe: vgl. 1. Mose 25,2.6.; 1. Mose 37; 4. Mose 25,6.16–18. War es ein Weg des Eigenwillens Abrahams?

d) Das *Schuhe-Ausziehen* ist die Demuts- und Reinigungshaltung beim Gebet. Aller irdische, vergängliche Staub soll abgetan werden. Die Schuhe selber sind Zeichen des Todes (Haut von toten Tieren).

e) *Stephanus wird gesteinigt,* weil er die Sünde des Volkes deutlich beim Namen nennt (V. 51–53). Die heilsgeschichtliche Sonderstellung haben seine Hörer wohl gern gehört, nicht aber ihren verratenden und mordenden Ungehorsam.

3. Theologische Fragen

a) *Gott der Herrlichkeit* betont die Majestät und Erhabenheit Gottes, die Wucht seiner Erscheinung (wörtl.: die Gewichtigkeit), den Lichtglanz, der ihn umgibt. Kein menschliches Wesen kann Gott nahen. Entsetzen prägen die Begegnungen. Aber er naht sich uns in der Herrlichkeit des leidenden Christus.

b) *Heilsgeschichte* meint: Gott handelt. Jeder Weg *mit* Gott ist Heilsgeschichte. Jeder Weg *ohne* ihn ist Unheil.

Nicht unsere Glücks- und Heilsvorstellungen sind so entscheidend. Heil ist auch im größten Leid, wenn Gott dabei ist.

c) Das Gesetz kam *»durch der Engel Geschäfte«*. Hier legt die Schrift die Schrift aus. Dort am Sinai, in Feuer, Rauch, Donner und Sturm waren Engel in Gottes Auftrag am Werk. Vgl. auch Galater 3,19.

d) Der *Märtyrertod* ist Zeugentod für Jesus Christus. Er steht als Konsequenz über jeder echten Nachfolge als Selbstaufgabe und Hingabe des eigenen Wesens. Vgl. Markus 10,35–39; Matthäus 10,16–23. 37–39; 24,9; Offenbarung 6,9.

4. Kennzeichen der Boten Jesu Christi

a) Sie leben aus und in der Heilsgeschichte Gottes.
b) Sie verkündigen, auch ohne Menschenfurcht, aufdeckend die Sünde.
c) Bis hin zum Einsatz ihres Lebens.

5. Mission und Evangelisation heißt nach Apostelgeschichte 7,1–59:

Bis zur Bereitschaft der Hingabe des irdischen Lebens in Ernst und Einladung Menschen zur Umkehr zu rufen.

Apostelgeschichte 7,1–59:
Die Predigt des Stephanus

»Treu bis in den Tod«

Wie sich doch die Szenen gleichen. »Der Jünger ist nicht über seinem Herrn« hat Jesus gesagt. Hier in der Gestalt des Diakons Stephanus wird das augenscheinlich. Die Gunst des Volkes hat sich gewendet. Fanatisch fromme Juden haben das Volk geschickt aufgewiegelt. Eine geifernde Menge schleppt Stephanus vor den Hohen Rat und falsche Zeugen erheben schwerste Anklagen. Sogar der Wortlaut der falschen Beschuldigungen gleicht denen gegen Jesus: »Dieser Jesus wird diese Stätte zerstören und die Sitten ändern, die uns Mose gegeben hat.« Stephanus wird als Gesetzesverächter und Tempelschänder angeklagt. Die beiden Grundpfeiler jüdischen Glaubens und israelitischer Frömmigkeit sind somit bedroht. Damit geht es für den Angeklagten auf Leben und Tod.

Wie sich doch die Szenen gleichen. »Wie ein Lamm«, so sagt das biblische Wort, stand Jesus vor den ihn hassenden Richtern. »Sein Angesicht war wie eines Engels Angesicht«, so bezeugt es Lukas von dem bedrohten Stephanus vor dem Hohen Rat. Stephanus, auf deutsch die Krone, der Kranz; so hatten ihn seine Eltern genannt, vielleicht weil er ihre Erwartungen krönte oder weil sie ihm den Siegeskranz eines erfüllten Lebens wünschten. Sein Herr trug die Dornenkrone, auch Stephanus wird eine Krone tragen, wohl ganz anders, als die Eltern dachten. »Die Krone der Gerechtigkeit«, die Ehren- und Schmerzenskrone des Blutzeugen, sie wird ihm zuteil.

Wie sich doch die Szenen gleichen. In königlicher Freiheit inmitten der fanatischen Menge, in ruhiger Gelassenheit vor den lügenden Zeugen, so stehen sie beide, der Herr und jetzt sein Diener da. Jesus ist in seiner ganzen Haltung, mit seinen Worten und Taten, die sie alle genau kannten, die Widerlegung der Anklagen und wüsten Beschimpfungen. In ruhiger Antwort bekennt er sich als der Messias Gottes und zieht das

Todesurteil auf sich. Stephanus bezeugt das Heil in Jesus Christus und weiß um die Unausweichlichkeit des Todesurteils. In seinem Zeugnis klagt er nicht an, er empört sich nicht, schimpft nicht zurück und stößt keine Drohungen aus, er bezeugt den Heilsplan Gottes und dessen Stufen der Vollendung. Er wirbt um seine Ankläger, warnt sie vor den Folgen ihres Irrweges und ruft sie zur Umkehr.

In sechs Abschnitten malt er ihnen Gottes Heilsplan vor Augen:

1. Gottes Heilsplan – er erwählt

Das werbende Zeugnis des Stephanus wird schon aus seiner Anrede deutlich: »Liebe Brüder und Väter...«, da ist nichts von Rechthaberei, von Stolz oder Besserwisserei zu spüren. Das ist ein Zeugnis in Demut. Wieviel gut gemeintes christliches Reden richtet Verhärtung und sogar Schaden an, wenn es nicht von solcher Demut geprägt wird. Das spüren uns die Menschen ab, ob wir als Besserwisser mit überheblichem Unterton reden; dann hören sie gar nicht mehr zu. Vollmächtiges Zeugnis ist immer mit solcher Demut begabt. Wir haben sie nicht aus uns selber. Demut ist das Wissen, daß ich selber immer – auch und gerade als Zeuge Jesu – ein Bedürftiger und Empfangender bleibe.

»Der Gott der Herrlichkeit erschien unserem Vater Abraham«, fährt Stephanus fort. »Unser Vater Abraham«, er stellt sich hinein in die Gemeinschaft mit seinen Anklägern und Richtern. Allerdings setzt er bewußt am Anfang der Geschichte Israels an. Damit will er eben die allen wohlanstehende Demut und die gemeinsame Bedürftigkeit vor Augen stellen. Abraham wohnte damals noch in Mesopotamien, mitten im Heidenland. Ur und Haran waren berühmte Städte des Mondkultes – er war wohl selbst unwissend von dem lebendigen Gott. Diesen Mann ruft Gott und erwählt ihn zum Werkzeug seines Heilsplanes. Nirgendwo ist in 1. Mose 12 vom besonderen Charakter des Abraham die Rede, der solches rechtfertigen könnte. Nicht seine Qualität, auch nicht seine Taten oder sein

Glaube sind Anlaß für Gottes Erwählung. Gott tut das in völliger, nicht befragbarer Freiheit. Er setzt damit gegen die ansteigende Flut des Bösen und des Verderbens sein Heil und seine Rettung.

Das hat Israel schon früh vergessen. Sie fassen ihre Erwählung bald als Bevorzugung auf und gründen ihre besondere Nähe zu Gott auf ihre besondere Qualität. Dort setzt Stephanus an: Die Heilsgeschichte Gottes, seine Erwählung Israels gründet in freier, unverdienter Gnade. Das Kapitel 1. Mose 12 atmet neutestamentlich. Das Bekenntnis von der »Rechtfertigung des Sünders« ist nicht erst eine »Erfindung« des Paulus oder gar Martin Luthers, es ist der Grundton, die durchhaltende Linie des Heilsplanes Gottes von Anfang an. Darum ist es so wesentlich, daran festzuhalten als Grund des Glaubens. Wer hier nicht klar steht, geht von Anfang an in die Irre. Darum wird der Weg Israels zu solch einem Irrweg. Darum gehen sie meilenweit an dem Messias Gottes, an Jesus von Nazareth, vorbei. Sie sind auf einem falschen Weg in ihrem selbstgerecht gewordenen Glauben und verfehlen das Ziel des Heilsweges Gottes, seinen Sohn. Wo unser Glaube und damit unser Zeugnis nicht mehr vom Bekenntnis der freien, unverdienten Gnade und Zuwendung Gottes ausgeht, da werden alle unsere Wege zu Irrwegen, auch im besten Bemühen und mit der selbstlosesten Frömmigkeit.

Noch ein Zweites wird von diesem Anfang der Erwählung Abrahams her deutlich: Erwählung geschieht immer als Dienstbeauftragung. Gott ruft sich nicht den Abraham, um mit ihm in seliger Gemeinschaft zu leben und alle anderen Menschen ihrem Schicksal zu überlassen. Durch Abraham soll das Segensangebot zu allen Völkern kommen. Abraham wird zum Werkzeug Gottes. Das sollten wir bis heute nie vergessen: Die Gemeinde Jesu in dieser Welt ist nie nur Selbstzweck. Sie ist die ausgestreckte Hand Gottes zu den Menschen. Sie ist deshalb Geh-Gemeinde, gesandt zu den Menschen. Nur so kann sie Segensträger sein. Da liegt die Schuld Israels, das ist die Ursache ihrer Blindheit, daß sie ihre Erwählung so wenig als Dienst für Gott an den Menschen und Völkern gelebt haben.

Mit dieser Berufung auf Abraham stellt Stephanus so den ganzen Heilswillen Gottes dar. Er selbst und die christliche Gemeinde sehen sich in der Abfolge dieses göttlichen Planes. Die Anklagen treffen also nicht zu. Die Gemeinde Jesu steht in der Linie der Heilsverheißung Gottes an Abraham, sie ist Gemeinde im Vertrauen auf das Wort Gottes, wie auch Abraham *nur* das Verheißungswort hatte und ihm vertraute.

Er folgte damals dem Ruf Gottes – sein Gehorsam machte ihn zum tauglichen Werkzeug Gottes. Das ist das Bleibende an Abraham, er gehorchte dem Anruf Gottes, bis hin zu dem, ihm unverständlichen Ruf Gottes, seinen einzigen Sohn Isaak zu opfern. »Er ging aus«, er ließ sich hineinrufen in die Geh-Bewegung. Das will Stephanus dem unbeweglich gewordenen Israel sagen. Wo der Gehorsam gegen das rufende und sendende Wort Gottes fehlt, da wird die Erwählung Gottes zunichte.

Muß das nur Israel gesagt werden? Die Vollmacht der Gemeinde Jesu Christi bis heute hängt an ihrem Gehorsam. Wo wir die Antwort verweigern auf Gottes Ruf »wen soll ich senden, wer will mein Bote sein?«, da verleugnen wir unsere Erwählung.

Gott brachte Abraham in das verheißene Land, aber er blieb ein Fremdling. Kein Fußbreit Boden gehörte ihm als Eigentum, damit stellt Stephanus die Freiheit Abrahams heraus. Sein Wohlergehen und Glück hing nicht an irdischem Besitz, sondern an seiner Abhängigkeit von Gott. Ist hiermit nicht auch die Kritik an der Frömmigkeitshaltung Israels ausgesagt? Sie gehen vom Haben aus und nicht von der Abhängigkeit. Nicht ihre Bedürftigkeit prägt ihr Verhältnis zu Gott; vielmehr pochen sie vor Gott auf ihr Haben, auf ihr Verdienst und auf ihre Würde.

Ein Fremdling zu bleiben, das ist die oft schmerzliche Erfahrung des Zeugen Jesu Christi in seinem Verhältnis zu dieser Welt. Wen Gott gerufen hat, der »gehört nicht mehr dazu«, der lebt anders, denkt anders und vertraut auf anderes, als auf die Güter dieser Welt. Die Erwählung macht uns zu Fremdlingen – sieht man das noch an unserem Leben und Verhalten?

Gott gab dem Abraham den Bund der Beschneidung: Er wird fremd in der Welt, aber eingebunden in die Zusage Gottes, gehalten und geführt von Gottes segnender Treue. Das Bundeszeichen der Beschneidung ist Trennungszeichen gegenüber der Welt, damit aber Treuezeichen gegenüber Gott. Die Beschneidung – wörtlich: das Rings-herum-Abschneiden, nämlich der Vorhaut des männlichen Gliedes – bringt, neben den äußeren Deutungen als Hygienemaßnahme und dem Nein zur Überbetonung der Sexualkraft, eben dieses Ausgesondertsein des Erwählten zum Ausdruck. Die Fremdheit drückt sich bis in das Äußere hinein aus. Die neutestamentlich gebotene Taufe als Bundeszeichen des Neuen Bundes, ebenfalls in der Bedeutung der Reinigung, knüpft an den Abrahambund an. Im Bund garantiert Gott den Erwählten seine Treue, so sie im Vertrauen zu ihm bleiben.

Gottes Erwählung des Abraham, das ist der Anfang des Heilsplanes Gottes. Darauf beruft sich Stephanus vor seinen Anklägern, um ihnen die gemeinsame Grundlage in Erinnerung zu rufen und um ihnen zu zeigen, wie weit Israel den Heilsweg Gottes verlassen hat. Die Erwählung verwirklicht sich in gehorsamem Dienst, in vertrauendem Hören, in der Scheidung von der Welt und in der bedürftigen Abhängigkeit. Wo aber die Erwählung zum Anspruch und zum Selbstruhm wird, da ist der Weg Gottes verlassen.

2. Gottes Heilsplan – er bewahrt

Gottes Heilsplan spannt Menschen in die Durchführung ein. Diese Würde kennzeichnet Israel im Alten Testament und – dazu kommend – die Gemeinde Jesu im Neuen Testament. Gott verwirklicht dabei seine Rettung in der menschlichen Geschichte und – so muß man sagen – trotz der menschlichen Geschichte. Es sind ja keine Heldengestalten, keine außerordentlichen religiösen Genies, die uns als die Erzväter Israels bekannt sind. Isaak trug die Saat des Unfriedens in seine eigene Familie, denn er zog den Esau dem Jakob vor. Jakob, der Betrüger gegen den eigenen Vater, der Listige und Fintenreiche, auch er reizt seine Söhne zum Zorn indem er Joseph besonders beachtet. Die Väter der Stämme – Stephanus zeigt sie nüchtern in ihrem von Haß und Abneigung geprägten Handeln, als sie den Joseph verkauften und ihren Vater belogen.

Mit solchen Menschen, in ihren Irrungen und Leidenschaften, handelt Gott. Er gibt nicht auf. Er bewahrt das Wort der Verheißung durch die Generationen hindurch und läßt es nicht untergehen. Die Heilsgeschichte Gottes ist keine heilige Geschichte in dem Sinn, daß nichts Menschliches dabei wäre oder daß alles Versagen ausgeschaltet wäre. Nein, Gottes Heilsplan setzt sich als Heilsgeschichte in dieser Welt durch, sie ist heilig deswegen, weil der heilige Gott mit unheiligen Menschen seinen Weg geht. Weil er Treue bewahrt, auch dort, wo seine Erwählten untreu sind. »Was er sich vorgenommen und was er haben will, das muß doch endlich kommen zu seinem Zweck und Ziel«, so heißt eine Liedzeile und das bezeugt Stephanus an der Gestalt des Joseph. Die ganze Josephsgeschichte steht unter dem Leitwort: »Ihr gedachtet es böse mit mir zu machen, aber Gott gedachte es gut zu machen« (1 Mo 50,20).

So wird Geschichte zur Heilsgeschichte, weil Gott es gut macht. Dann wird alles gut, wenn Gott es gut macht. Jeder Weg mit Gott ist Heilsgeschichte. Jeder Weg ohne Gott ist Unheil. Nicht unsere Glücks- und Heilsvorstellungen sind so entscheidend. Heil ist auch im größten Leid, wenn Gott dabei ist. Sein Heilsplan schließt das menschliche Versagen ein und nicht aus. Er handelt durch unsere Irrwege hindurch und bewahrt uns die Treue, wenn wir uns zurückrufen lassen. Welch ein Trost für den Zeugen Jesu. Es kommt letztlich nicht darauf an, was er gut macht, sondern alles hängt daran, daß Gott durchhaltend Gutes wirkt.

Joseph wird von Gott bewahrt, gehalten und gebraucht in allen, ihm unverständlichen Strecken seines Weges. Gott bewahrt ihn und wendet sein Geschick in Segen, in Segen für ihn und für viele andere. Ganz Ägypten und Israel werden gesegnet dadurch, daß Joseph an Gott festhielt und sich von ihm gebrauchen ließ. »Gott war mit ihm«, die persönliche

Lebensgeschichte des Joseph wurde damit zur Heilsgeschichte, Teil des Heilsplanes Gottes zur Heilung der Welt.

Konnten die Frommen Israels rückerinnernd dieses Zeugnis hören, ohne selber vor die Frage gestellt zu sein: ist Gott mit uns? Stephanus wollte sie aufstören aus ihrer Sicherheit und Selbstzufriedenheit. Nur so bleibt unser Weg Gottes Weg, wenn Er bei uns ist, wenn er uns bewahrt und wir uns bewahren lassen. Israel hat das Fragen nach der täglichen Gegenwart Gottes aufgegeben. Sie nahmen die Gegenwart Gottes als gegeben, ja als garantiert hin. Garantiert durch ihre eigene Frömmigkeit, garantiert durch den Tempel und die täglichen Opfer dort und garantiert durch die Erwählung in Abraham. So aber kann man Gott nicht einbinden. Nicht wir können ihn festhalten. Er hält uns fest. Er gewährt seine Gegenwart dem, der gehorsam seinen Weg der Verwirklichung des Heils mitgeht und nicht selbstzufrieden sitzenbleibt.

3. Gottes Heilsplan – er bestimmt die Zeit

Gott verwirklicht sein Heil durch die Geschichte hindurch. Die Verheißung hat ihre Erfüllung. Das gilt auch für den Heilsplan Gottes, er hat Zeit, gibt Zeit zur Umkehr und zur Besinnung. »Da nun die Zeit der Verheißung nahte, die Gott Abraham zugesagt hatte...« Wieder ist es keine berauschende Stunde in der Geschichte Israels. Es ist schwer, in diesem Sklavenvolk in Ägypten, ausgenutzt und von der Ausrottung bedroht, das Heilsvolk Gottes zu erkennen. Es ist schwer, in diesen bedrückenden, hoffnungslosen Zeiten des organisierten Mordes an den Knaben Israels, Gottes Heilszeit zu erkennen. Auch Mose hat große Mühe damit. Gott hat ihn erhalten wider alles menschliche Planen. Nun will er Heil schaffen für sein Volk und greift zu den weltlichen Mitteln. Er landet beim Mord. Gott hat Zeit. Vierzig Jahre lernt der Hitzkopf Mose in der Wüste als Schafhirte Geduld und dann kann ihn Gott gebrauchen und ruft ihn.

Jetzt ist heilige Zeit, Zeit, in der Gott vor aller Augen handeln will und die Not seines Volkes wenden will. »Ziehe die

Schuhe aus von deinen Füßen, denn die Stätte, da du stehest, ist heiliges Land.« Ganz gezielt erwähnt Stephanus diese Einzelheit aus der Berufung des Mose, zum Zeugnis über seine Ankläger. Das Ausziehen der Schuhe verdeutlicht die Haltung der Demut. Mose hat es aufgegeben, sich in eigener Kraft durchsetzen zu wollen. Er naht sich Gott als einer, der gehorcht und empfangen will. Das Ausziehen der Schuhe zeigt ihn in seiner Schutzlosigkeit; mit bloßen Füßen ist er verwundbar. Gleichzeitig wird dadurch aber auch die Ehrfurcht vor Gott ausgedrückt: Die Schuhe, beschmutzt vom Staub der Wüste, vom Staub als Zeichen der Vergänglichkeit, werden ausgezogen. Alles Unreine soll weggetan sein vor dem reinen, heiligen Gott.

Wie selbstverständlich berufen sich dagegen die Ankläger des Stephanus auf Gott. Sie wollen in seinem Namen und für seine Ehre handeln und sind doch ihren eigenen Plänen und Zielen verhaftet. Ihr Hochmut wird ihnen zum Fallstrick. Israel hat die Furcht vor Gott verlernt, »die aller Weisheit Anfang« ist und unabdingbare Voraussetzung für vollmächtigen Dienst.

»Ich habe wohl gesehen die Leiden meines Volkes, das in Ägypten ist« – Gott hat sein erwähltes Volk nicht aus den Augen gelassen. Auch im fremden Ägypten hat er sie in seiner Hand. Er hat Zeit gegeben. Es war Zeit der Zubereitung für den Segensauftrag, den Gott Israel zugedacht hatte. Sein Plan geht so ganz anders, als Menschen denken und erwarten. Israel ist nicht das große Kriegs- und Herrenvolk, das mit seinen Siegen und der Errichtung seiner Weltherrschaft die Völker »beglückt«. Sie gehen durch die harte Schule der Sklaverei, werden geschunden, ausgenutzt und getötet. Sie erleben das Elend der verderbten Welt am eigenen Leibe und stehen nicht unbeteiligt darüber. So will sie Gott vorbereiten für ihre Aufgabe. Sein Plan gilt der Rettung aus dem Verderben, darum geht er mitten in das Verderben hinein. Damals durch Israel, dann in seinem Sohn. So vollzieht sich seine Rettung, nicht im Drüber-Schweben, sondern im Drunter-Gehen.

»Ich habe ihr Seufzen gehört und bin herabgekommen, sie zu erretten.« Durch die Leiden zur Errettung. Israel erlebt

Gottes Heilsplan in der eigenen Geschichte und soll so Träger des Heilswillens werden. Wir stellen uns andere Heilswege vor. Auch Israel brach immer wieder aus dieser Spur aus. Der Heilsweg Gottes führt durch die Erniedrigung und durch das Seufzen, dem wollen wir aber immer wieder entgehen. Zeugendienst ist Leidenszeit, dieses Grundgesetz des Heilshandelns Gottes bezeugt Stephanus mit seiner Predigt und dann mit seinem Tod.

4. Gottes Heilsplan – er erzieht

Wie störrisch und ungehorsam Israel auf diesem Heilsweg Gottes mitging und immer wieder seine eigenen Wege des Widerspruchs verwirklichte – Stephanus muß es seinen Anklägern und Richtern schonungslos klarmachen, als Warnung und Ruf zur Selbstbesinnung. Jetzt berufen sie sich auf Mose als höchste Autorität und geben vor, in seinem Sinn zu leben und zu glauben. Doch wie hat Israel Mose, den Beauftragten Gottes damals wirklich angenommen?

Mose wurde von Gott beglaubigt. Er tat Zeichen und Wunder im Auftrag Gottes. Die ägyptische Streitmacht wurde vernichtet, weil Mose Gott vertraute, als das Volk aufgab. Mose sah in prophetischer Klarheit die Vollendung des Heilsweges Gottes durch seinen messianischen Propheten. Mit dieser Verheißung zeigte er seinem Volk Weg und Ziel ihres Auftrages. Mit dieser Zusage der Vollendung des Heiles rief er sie zu Gehorsam und Dienst. Mose erhielt von Gott die Gabe des Gesetzes, aufgeschrieben in den Tafeln der Zehn Gebote. »Worte des Lebens« sind die Gebote, nicht Drohworte und Zwangsmaßnahmen. Das war der große Vorzug Israels: sie wußten in den Geboten um den Weg des Lebens. Gott wollte sie durch die unmißverständliche Kundgabe seines Willens sichern und geleiten. Es heißt ja nicht: Wer diese Gebote hält wird nicht bestraft, sondern immer wieder im Alten Testament: »Wer diese Gebote hält, der wird leben.« Es sind Leitlinien des Segens, die Israel hier vorgezeichnet und angeboten werden.

Alle diese Heilsgaben empfing Israel durch Mose, den Mittler, den »Freund Gottes«. Doch wie haben sie das angenommen? Wie schnell hat Israel die Gaben weggeworfen. Das hätten die Frommen Israels wohl gerne verdrängt und vergessen, wie ihre Väter noch am Sinai ungehorsam wurden, Gott vergaßen und sich aus vergänglichem Gold ihren eigenen Götzen machten und anbeteten. Stephanus erinnert sehr bewußt an diese dunkle, gottlose Stunde Israels. Auch die Erwählung und die größte Nähe zu Gott bewahren nicht vor dem Abfall. Gott ist kein Zwingherr, er wartet auf den freiwilligen Gehorsam. Wo Israel sich abwendet von Gott, da verfällt es dem Götzendienst und wird von seinem bösen Herzen verführt. Welch warnendes Beispiel wird uns hier vorgestellt. »Sie freuten sich der Werke ihrer Hände«, Israel steht vor seinem gegossenen goldenen Kalb und freut sich über seine eigene Entschluß- und Schaffenskraft. Doch die Schrift sagt: »Die Freude am Herrn ist unsere Stärke.« Gottesdienst wird zum Götzendienst, wo wir uns unserer Werke freuen, wo sich der Stolz auf unser Tun breitmacht, wo wir nicht mehr von den empfangenen Gaben Gottes her leben.

»Aber Gott wandte sich ab und gab sie dahin...« Israel ohne Gott bleibt seinen eigenen bösen Gedanken und Taten ausgeliefert. Der heilige Gott wendet sich ab und die Unheiligkeit ergreift Raum. Der heilige Gott wendet sich ab und das Unheil ergreift das Volk. Es liegt alles an der Gegenwart Gottes; diese Lektion muß Israel in der Wüste in harter Strafe und durchläuternder Erziehung lernen. Es kann uns Menschen nichts Schlimmeres passieren, als daß uns Gott dahingibt, uns selber überläßt. Dann sind wir verlassen, dann gewinnt das Böse, ja d e r Böse, Raum und Herrschaft und führt uns in die Vernichtung.

Und doch ist die Abwendung Gottes von Israel noch gehalten von der Treue eben dieses Herrn. Die Geschichte Israels wird so zu einer Geschichte harter Erziehung, aber immer bleibt der ziehende Gott am Werk, der sein Volk wieder zu sich ziehen will. Bis hin zum Zerbrechen des Staates Israel, zu der neuen Sklaverei in babylonischer Gefangenschaft zeigt Stephanus dieses Erziehungshandeln Gottes. Es ist ein trügerischer Irrtum, daß die Abwendung von Gott in menschliche Freiheit und Unabhängigkeit führe. An Israel lernet! Das Sklavensein in Ägypten wiederholt sich in der Sklaverei in Babylon. Das Volk ohne Gott wird zum Sklavenvolk der Mächtigen dieser Welt. In Gottes Spur der Heilsgeschichte bleiben, sich an ihn binden, erst das stellt hinein in die Freiheit der Kinder Gottes.

Der gefangene Stephanus, umlauert von seinen Anklägern, bedroht vom Todesurteil durch die selbstgerechten Richter, steht für diese königliche Freiheit des an Gott Gebundenen. Wer sich so gebunden hat, sein Vertrauen allein an Jesus Christus gehängt hat, der ist gehalten. Gehalten in allen Anfeindungen, gehalten selbst im Angesicht des Todes, ja durch den Tod hindurch.

5. Gottes Heilsplan – er redet deutlich

Gegen Stephanus, den Freien und Gehaltenen, stehen die Führer Israels. Sie, die sich gebunden haben an ihre Frömmigkeit und ihre Traditionen. Sie, die blind geworden sind für das Heilshandeln Gottes und Gottes Heilsvollendung in Jesus Christus und seinen Zeugen nur als Störung, ja als Gotteslästerer ablehnen müssen. Noch einmal will Stephanus ihnen die Augen öffnen dafür, daß alles auf Gottes Gegenwart, auf sein Tun und nicht auf ihre Frömmigkeit ankommt. In dem Namen und der Person des Königs David sind die messianischen Erwartungen Israels am dichtesten. Darum untermauert Stephanus sein Zeugnis mit Davids Autorität. Nur diesen einen Zug aus dem Leben Davids greift seine Predigt auf: Den Herzenswunsch Davids, Gott beständig gegenwärtig zu haben und ihm deswegen eine Wohnung zu bauen. David hatte in seinem bewegten Leben eines gelernt »mit meinem Gott kann ich über Mauern springen« (Ps 18,30) und auch das andere: »Zuschanden werden die leichtfertigen Verächter« (Ps 25,3).

Gott verschließt sich dem Bitten des Königs nicht. Zum sichtbaren Zeichen seiner Gegenwart macht er den Tempel, den ihm Salomo erbaute, zu seiner Wohnung. Doch redet er deutlich durch seine Propheten und zu Salomo, daß dieser Tempel Israel nicht endgültig sichern kann. Der Tempel ist Zeichen der Bundestreue Gottes, der aber dem Gehorsam des Volkes entsprechen soll. Man kann sich Gottes nicht versichern, wie man sich ein Bild an die Wand hängt. Man kann seine Gegenwart nicht auf alle Zeit sicher haben. Gott wohnt bei denen, die gehorsame Herzen haben und mit demütigem Geist auf seine Hilfe hoffen. Israel baut seine Frömmigkeit auf Tempel und Gesetz. Aber beide sind, ohne den Lebensgehorsam gegen Gott nutzlos, ja täuschend und verderblich.

Was Stephanus hier Israel aufdeckt, das ist der Gemeinde Jesu Beispiel und Mahnung. Gott läßt sich nicht einbinden und festmachen in äußeren Formen oder Traditionen, so fromm sie auch immer sein mögen. Formen und Traditionen dienen nur dann dem Reiche Gottes, wenn sie mit geistlichem Leben, mit der persönlichen Verbindung zu Jesus Christus gefüllt sind. Wir erschrecken vor dieser Möglichkeit, daß der gewohnte kirchliche Rahmen besteht, Gottesdienste gehalten werden, das Gemeindeleben in Bibelstunden, Unterweisung, Taufen, Trauungen und Beerdigungen weiterläuft, aber Gott ist nicht mehr da, wenn der persönliche, gehorsam vertrauende Glaube fehlt. Selbst die Bibel kann zu solch einem Götzen werden, wo der Buchstabenglaube gesetzlich vertreten wird. Frömmigkeit ohne lebendige Gottesbegegnung ist verderbender Götzendienst.

Wie Hammerschläge fallen die abschließenden Worte des Stephanus über solche gottlose Frömmigkeit. Aus Verklägern und Richtern werden im Lichte der Heilsgeschichte Gottes Verklagte. »Ihr Halsstarrigen« nennt sie der Zeuge Jesu. Sie sind Leute, die den Kopf in überheblichem Stolz hochtragen, »unbeschnitten an Herzen und Ohren« – sie sind nicht Gott geheiligt und ausgesondert. Sie leben im alten Wesen, nur religiös verbrämt. Sie erkennen ihre Gottlosigkeit gar nicht mehr, sie sind längst nicht mehr Freunde Gottes, sondern seine Feinde. Sie sind wie ihre Väter und widerstreben dem Heiligen Geist. Sie folgen nicht nach, sie stellen sich vielmehr gegen Gottes Heil. So sind sie zu Verrätern und Mördern des Heilsbringers Gottes geworden. Das Gesetz, der Weg Gottes zum Leben und Segen, sie haben es getrennt vom Gesetzgeber und haben daraus ihren eigenen Weg gemacht, der bei der Gottesfeindschaft endet.

Welch ein dramatisches Urteil über die Religiosität ohne Gott. Sie wird entlarvt als Götzendienst und verderbende Feindschaft gegen den Herrn des Lebens. Und doch liegt in dieser Entlarvung und schonungslosen Aufdeckung Gnadenangebot. Noch können sie umkehren von ihrem bösen Weg und heimfinden, brauchbar zum Dienst werden. Gottes richtendes, aufdeckendes Wort ist immer heimrufendes Wort. Dort liegt Israels Chance.

6. Gottes Heilsplan – er vollendet

»Als sie solches hörten, ging's ihnen durchs Herz...« Das Wort Gottes durch seinen Zeugen trifft die Hörer. Was als Anklage gegen den Stephanus begann, wird nun zur Erschütterung des eigenen Lebens und Glaubens. Die Heilsvollendung, das Gnadenangebot durch Jesus Christus, führt in die Entscheidung. Das ist die Vollmacht seiner Zeugen. Stephanus erlebt das gleiche wie sein Herr. Das Wort trifft, aber es trifft auf feindselige Ablehnung. Es trifft, aber die Herzen öffnen sich nicht, sondern sie verhärten sich. Die Verkündigung des Wortes Gottes führt zur Reife – auch zur Gerichtsreife.

»Und sie knirschten mit den Zähnen über ihn.« Die Wut hat sie sprachlos gemacht. Unter dieser Selbsterkenntnis werden die so sanften Frommen zu reißenden Tieren. Die Feindschaft und der Haß prägen sie entlarvend bis in ihre körperlichen Reaktionen. Ohne Urteilsspruch in geordnetem Verfahren – der Haß spült alle Bedenken weg – dringen sie auf Stephanus ein und steinigen ihn.

Dagegen Stephanus, »voll Heiligen Geistes«, so wird er in dieser Aufpeitschung der Gefühle gekennzeichnet. Seine Person tritt ganz zurück; was Gott ihm gibt, das zeigt sich jetzt. Er vollendet ihn nicht so, wie wir in unseren menschlichen Hoffnungen denken. Er vollendet ihn, indem er ihm den Blick in seine Wirklichkeit, den offenen Himmel gewährt. Auch in dieser Stunde des wogenden Hasses ist der Herr bei seinem Zeugen und läßt sich sogar sehen. Stephanus sieht bei dieser Schau der Herrlichkeit Gottes nicht die Freuden eines Paradieses, die ihn erwarten und alles leichter ertragen ließen. Er sieht auch nicht eine Belohnung, die ihm winkt, er sieht Gottes Herrlichkeit in der Person Jesu Christi. Das ist die Vollendung des Nachfolgers. Nicht die Vertröstung auf ein besseres Jenseits, nicht anspornende, verheißene Freuden und Belohnungen. Die Vollendung des Heilsplanes Gottes besteht in der Wiederherstellung der Gemeinschaft mit sich. Stephanus geht dem Christus entgegen und kommt damit ans Ziel seiner Nachfolge.

Der Märtyrertod ist so kein Abreißen eines Weges, gleichsam ein Unfall, der die Vollendung hindert. Nein – er ist die Konsequenz der gehorsamen Nachfolge. Was an Stephanus geschieht, im grausamen Haß seiner Richter, ist letzte Zuspitzung dessen, was jeder Zeuge Jesu Christi erlebt, wenn er hinter Jesus bleibt. Die Selbstaufgabe und Hingabe des eigenen Wesens, die hier bis zur Hingabe des Lebens geht. Das mutet uns unser Herr zu. Das ist das Wesen der Nachfolge: »Wer sein Leben verlieren wird um meinetwillen, der wird's finden« (Mt 10,39), sagt Jesus zu seinen Nachfolgern. »Ich sterbe täglich« bekennt Paulus. Nachfolge ist ein Sterben des alten Menschen. Der Märtyrertod ist nicht die Ausnahme. Hier vollzieht sich in aller Öffentlichkeit als Bekenntnis und Zeugnis die Selbstaufgabe des Jüngers.

Die Vollendung des Heilsplanes Gottes für den einzelnen Jünger, wie für seine ganze Gemeinde, geschieht durch das Sterben hindurch. Das hat Gott unmißverständlich geoffenbart im Sterben des eigenen Sohnes am Galgen, »wenn das Weizenkorn nicht in die Erde fällt und erstirbt, so bleibt's allein; wenn es aber erstirbt, so bringt es viel Frucht« (Joh 12,24). Das ist für uns als Nachfolger Jesu oft so schwer zu fassen und noch schwerer zu leben: Zeugen Jesu Christi sind zum Sterben in dieser Welt, nicht zum Herrschen und Siegen, nicht zur Selbstbestätigung und Selbstentfaltung nach menschlichen Maßstäben. Gottes Heilsvollendung führt durch Leiden und Sterben zur Frucht.

Mission und Evangelisation sind für den Zeugen Jesu Christi Leidens- und Sterbensvorgänge. Er wird in diesem Auftrag zerbrechen und vergehen. Nicht jedem wird der öffentliche Zeugentod abgefordert, obwohl heute viele um Jesu willen im Haß der Gegner sterben und damit die Wirklichkeit Jesu Christi bezeugen. Jeder Zeuge, jeder Nachfolger aber wird in seinem Wesen und Leben dieses Sterben erfahren, denn sonst gibt es keine Frucht. Fruchtbringendes Zeugnis ist begleitet vom Sterben und Leiden.

»Saulus aber hatte Wohlgefallen an seinem Tode.« Im Sterben des Stephanus schien der Haß gesiegt zu haben. Doch einer steht dabei, erlebt dieses Leidenszeugnis mit, den Gott sich als Frucht ersehen hat. Im Sieg der Feinde Gottes baut der Herr sein Reich. Ein Weizenkorn fällt in die Erde und stirbt, im Völkerapostel Paulus trägt es hundertfältige Frucht.

Ergebnisblatt zu Apostelgeschichte 8, 1–25:
Der Zauberer Simon

1. Der Aufbau des Textes

b) Gliederung:

1. V. 1–4: Die Verfolgung der Gemeinde durch Saulus
2. V. 5–8: Philippus predigt in Samarien
3. V. 9–13: Viele werden gläubig, auch der Zauberer Simon
4. V. 14–17: Die Geistestaufe durch Handauflegung der Apostel
5. V. 18–19: Simon will die Geisteskraft um Geld kaufen
6. V. 20–24: Die scharfe Zurückweisung durch Petrus
7. V. 25: Die Predigt in ganz Samarien

c) Höhepunkt:

V. 17 u. 20: Die Gabe Gottes des Heiligen Geistes kann nicht aus eigener Kraft oder gar mit Geld erlangt werden, sondern wird in freier Gnade geschenkt.

2. Fragen zum Text

a) *Philippus* (bedeutet »Pferdeliebhaber«, was auf eine Herkunft aus vornehmer Familie hindeutet). Er ist einer der, nach Apostelgeschichte 6,5, in Jerusalem gewählten Armenpfleger. Er stammt aus einer griechischen Familie. Wird auch »Evangelist«. Der Kämmerer kommt durch ihn zum Glauben. Er wohnt in Cäsarea. Seine vier ledigen Töchter sind »Prophetinnen«. Prophetie meint Gegenwartsdeutung, besser Seelsorge, als Auslegung der Heiligen Schrift im jeweiligen Einzelfall.

b) *Samarien* (dt. »Wartburg«). Teil des Nordreiches »Israel«, das unter dem Sohn Salomos sich abspaltete. Diese Teilung ist Strafe für Salomos Götzendienst (1 Kön

11,31). Nach 2. Könige 17,7–29 werden in Samarien
fremde Stämme angesiedelt, als Israel in die assyrische
Gefangenschaft abgeführt wird. Diese Fremden nehmen
zwar den Gottesglauben Israels an, behalten aber auch
ihre eigenen Götzen. Samarien steht so für den Kompromiß, für eine halbe Nachfolge, die ganz verderblich
ist.

c) *Zauberei* ist Götzendienst. Griechisch: Magoi (vgl. Mt
2,1 ff.: Die »Weisen« waren solche). Magoi sind Ange-
hörige einer persischen Priesterkaste. Sie benützen au-
ßer- und widergöttliche Kräfte. Alles Vertrauen auf solche Kräfte ist Zauberei (vgl. 5 Mo 18,9 ff.; 1 Sam 15,23
u. Offb 18,23). Götzen als Ausdruck satanischer Wirklichkeit haben also auch Kräfte. Wer sich auf anderes
verläßt, als auf Gottes Kraft, treibt Zauberei. Der Zauberer Simon findet in der Mischreligion guten Boden für
sein Tun.

3. Theologische Fragen

a) *Der göttliche »Sinn« in der Verfolgung* (V. 1–4) besteht
in der Ausbreitung des Evangeliums. Die vertriebenen
Christen werden Missionare, Gott »streut« sie aus. Sie
hatten sich bei Beginn der Verfolgung verkrochen (vgl.
V. 3), nun werden sie Boten des Evangeliums.

b) Die *Handauflegung* und Geistestaufe ist die ausdrückliche Lossage von der Zauberei und ihrem Bann. Zur
Taufe auf Jesu Namen muß in den dämonischen Ver-
hältnissen Samariens die klare Absage treten und die
ausdrückliche Bekräftigung durch den Heiligen Geist.

c) *Die Sünde des »gläubigen« Simon* ist seine halbe
Umkehr. Er tut nicht entschlossen Buße. Er will die
Macht des Heiligen Geistes ohne Beugung und Dienst.
Er will sein altes Leben christlich übertünchen. Er
glaubt der Botschaft, will aber keine Konsequenzen zie-
hen. Simon gründet später eine eigene »gnostische«
Gemeinde, gibt sich selber als Messias aus, benützt wie-

der die Zaubereikräfte und verführt viele. (Nachricht
darüber bei den Kirchenvätern.)

d) *»Wort des Herrn«* meint besonders die Worte Jesu Christi, seine Verkündigung in Wort und Tat, wie er auf
Erden gelebt und gewirkt hat.

»Evangelium« heißt umfassend die Predigt der frohen
Botschaft, ausgehend von seinen Worten, Jesus als unser
Heil bezeugend. Seine Bedeutung für uns Menschen
wird einladend ausgerufen.

4. Kennzeichen der Boten Jesu Christi

a) Gott benützt sie als Zeugen, auch in Verfolgung.
b) Sie dürfen in Vollmacht handeln.
c) Sie verzichten auf äußere Macht.

5. Mission und Evangelisation heißt nach Apostel-geschichte 8,1–25:

Überall das Evangelium zu predigen, damit Herzensbuße
und wirkliche Umkehr geschehen kann.

Apostelgeschichte 8,1–25:
Der Zauberer Simon

»Gott gibt umsonst«

Die erste Gemeinde erstellt keine »Strategie der Missionierung«. Die Apostel teilen die Welt nicht in Planvierecke auf und planen einen flächendeckenden Missionsfeldzug. Das Evangelium wird verkündigt, wo Christen leben, und es wird ausgebreitet dorthin, wohin Christen kommen. Es ist kein geplanter Großeinsatz, eine einmalige Anstrengung auf Beschluß der Gemeinde, die Welt zu missionieren. Das Evangelium wird bekannt gemacht, wo seine Bekenner gehen und stehen. Mission und Evangelisation sind keine Sondereinsätze der Gemeinde, sondern ihr tägliches Zeugnis, das selbstverständliche Reden von dem, was das Leben erfüllt und trägt.

Es gibt deshalb auch keine Missionskonferenz, auf der Pläne durchgesprochen und erstellt werden. Keine Aussendungsfeier findet vor diesem ersten großen Hinausgehen statt, von dem uns dieses achte Kapitel berichtet. Liegt da nicht unsere Not als Gemeinde Jesu heute? Mission und Evangelisation sind für viele Christen zu Angelegenheiten für Fachleute, für »Profis« geworden. Die treffen sich auf großen Konferenzen – sie mögen hilfreich sein. Sie entwickeln Strategien und planen im großen Stil – das mag nötig sein. Aber es ist alles vergeblich, wenn nicht jeder einzelne Christ Missionar und Evangelist ist. Da geben wir Geld für die Missionierung Indiens etwa, beten auch dafür und gehen zu Berichtsabenden über den Fortgang der Missionsarbeit, und derweilen wird unser eigenes Land und Volk heidnisch, weil das Zeugnis des Evangeliums fehlt, weil wir Christen zum Beispiel in Indien die Mission unterstützen und hier schweigen. Der Atem des geistlichen Lebens einer christlichen Gemeinde ist die Mission und Evangelisation; wo nicht mehr geatmet wird, da ist Tod.

Stephanus wurde von der wütenden Menge um seines Zeugnisses willen gesteinigt, und der Haß der fanatisierten Juden sucht sich neue Opfer. Die christliche Gemeinde in Jerusalem kommt in schwerste Not. Verstummt sie? Hört sie vor Angst und Schrecken auf zu atmen? »Fürchtet euch nicht vor denen, die den Leib töten und die Seele nicht können töten; fürchtet euch aber vielmehr vor dem, der Leib und Seele verderben kann in die Hölle« (Mt 10,28), so hat Jesus seine Zeugen gemahnt. Wir leben als Zeugen Jesu Christi in der Furcht des Herrn, da muß die Furcht vor Menschen schweigen. Gott selbst benützt die schwere Zeit für seine Gemeinde als Saatzeit des Evangeliums, damit Frucht entstehen kann. Er streut die Christen aus, er sät sie in ihrem Leiden als lebendigen und fruchtbringenden Samen unter die Menschen Judäas und Samariens.

1. Gott wirkt in der Zerstreuung Sammlung

Stephanus war das gleiche widerfahren wie seinem Herrn: Als Gotteslästerer war er aus seinem Volk ausgestoßen und hingerichtet worden. Auch er starb allein und verlassen unter dem Steinhagel der entfesselten Menge. Erst nach seinem Tod trauen sich einige Freunde, ihm den letzten Liebesdienst der Bestattung zu erweisen; so viel Mut haben sie noch, obwohl das Gesetz das ehrliche Begräbnis eines Gotteslästerers verbietet. Ihre Totenklage kommt zu spät. Als gottesfürchtige Männer – doch wohl Juden – beschreibt sie Lukas. Ihre Frömmigkeit läßt sie ahnen, was hier geschehen ist. Gehen doch selbst dem römischen Hauptmann unter dem Kreuz Jesu die Augen auf, wer hier gestorben ist. So kann in diesem, freilich späten Mut zum Bekenntnis der Tat, leise Frucht aus dem Zeugentod des Stephanus erahnt werden. Freilich, die große Totenklage konnte eigentlich nicht diesem Zeugen gelten. Sein Tod hat ihn vollendet, ist zum aufrüttelnden Zeugnis geworden für andere. Solche Klage war wohl angebracht über die Blindheit Israels, über die Blutschuld, die sie sich aufluden und über die verderbliche Wut, die sie für Gottes Reden zuschloß.

Wo Gott zum Angriff antritt, da setzen die satanischen Mächte alle Verteidigungskräfte in Gang. Evangelisation und

Mission treffen auf den erbitterten Widerstand des Bösen. Das ist eine schwere Erfahrung für die Boten Jesu Christi, eine Erfahrung aber, die jedes Zeugnis begleitet und uns die Schwere und die Kraft des Missionsauftrages Jesu vor Augen führt. »Es erhob sich aber an jenem Tage eine große Verfolgung über die Gemeinde zu Jerusalem.« Der konzentrierte Angriff des Bösen sucht die Gemeinde zu vernichten. Die Steinigung des Stephanus, das war keine einmalige, nachher bereute Entgleisung, sie ist vielmehr der Auftakt zu einer gezielten Ausrottung der Gemeinde Jesu. Jesu Wort an seine Jünger erfüllt sich. Vertreibung, Verfolgung, Gefängnishaft und Ausstoßung treffen die, die ihm nachfolgen.

Saulus wird hier ausdrücklich als einer der eifrigsten Verfolger genannt. Er zieht die Christen selbst aus ihren Wohnungen und liefert sie in die Gefängnisse ein. Er »wütete« gegen die Gemeinde. Nur hier an dieser Stelle wird dieses Wort gebraucht, um die rücksichtslose, von der Vernichtung bestimmte Haltung dieses Mannes zu zeichnen. Vielleicht hat er am deutlichsten die umstürzende Gefahr erkannt, die von dieser »neuen Lehre« ausgeht.

Wenn Stephanus recht hätte, dann wäre alles zerstört, was Saulus bei Gamaliel und in den Schriften gelernt hatte. Dann wäre dem jungen Pharisäer der Boden unter den Füßen entzogen und seine Frömmigkeit als nichtsnutzig entlarvt. Dort liegt der Nährboden der Vernichtungswut des Saulus. Es geht nicht um einen Disput über rechtes oder falsches Verständnis der Schrift, sondern es geht um die Lebensgrundlage, um die Frage, ob er sein Leben gewinnt oder verspielt.

Das Zeugnis des Evangeliums greift den Menschen nicht in seinem Denken zuerst an. Evangelisation und Mission zielen nicht zuerst auf vermehrtes oder vertieftes Wissen. Es steht die ganze Lebensgrundlage auf dem Spiel; das, woran sich ein Mensch hält, worauf er sein ganzes bisheriges Leben gebaut hat, das wird als nichtig entlarvt. Deswegen kommt es zu solchem Haß. Es ist der Haß, der dort aufbrechen muß, wo einem Menschen sein verfehltes Vertrauen aufgedeckt wird. Der Haß, der sich wehrt, wo ein Mensch alles entlarvt sieht, auf was er bisher gesetzt hat, der Haß, der die Bedrohung der eigenen

Sicherheit erkennt, wenn das Zeugnis von Jesus Christus wahr ist. Es ist letztlich der Haß des Herrn dieser Welt, der seine Herrschaft stürzen sieht, wo Jesus Christus als der Herr verkündigt und geglaubt wird.

Es ist ein Haß, der keine Toleranz mehr üben kann. Ein Kompromiß ist hier unmöglich, denn diese zwei Herren können nicht zusammen gehen, »entweder er wird den einen hassen und den andern lieben, oder er wird dem einen anhangen und den andern verachten« (Mt 6,24). Jeder Zeuge wird diesen Haß erleben müssen, wenn er das Evangelium bezeugt. Wie vollmachtslos, wie unscharf ist unser Zeugnis oft geworden. Wir wollen uns gewiß nicht nach Verfolgung, Haß oder gar Martyrium drängen. Wer weiß denn, ob er standhalten kann? Aber das muß uns doch beunruhigen, daß unser Zeugnis oft nur ein gleichgültiges Schulterzucken, verständnisloses Vorbeigehen oder gar mitleidiges Lächeln hervorruft. Liegt das immer nur an den Hörern oder haben wir der Botschaft die Spitze abgebrochen, sie geglättet und umhüllt, um ja niemand zu reizen oder weh zu tun?

Das freimütige Zeugnis des Stephanus erntet Sturm, einen Sturm, der die Gemeinde zerstreut. Aber »die nun zerstreut waren, zogen umher und predigten das Wort«. Damit aber fängt auch das Gericht über Jerusalem an. Das Evangelium wird nach Judäa und Samarien getragen. Die Stadt Gottes, Jerusalem die heilige Stadt, lehnt die Botschaft ab und geht dem Gericht entgegen. Es ist auch Bewährung für die Glieder der Gemeinde, denn sie werden nach ihrer ersten Bindung gefragt. Sie müssen Heimat und wohl auch Besitz verlassen um Jesu willen, werden zu Flüchtlingen und Rechtlosen; sie sind ohne Sicherungen, nur das Vertrauen auf ihren Herrn bleibt und macht sie zu vollmächtigen Zeugen.

Lukas stellt die Person des Philippus vor uns hin. Er gehört zu den Flüchtlingen und wird in Samarien zum Zeugen des Herrn. Sein Name – auf deutsch: Pferdeliebhaber – läßt auf eine vornehme Abkunft schließen. Aber er läßt alles zurück für den Einen. In der Gemeinde in Jerusalem genoß er großes Vertrauen. Er »hatte einen guten Ruf und war voll heiligen Geistes und Weisheit« (vgl. Apg 6,3). Deshalb wurde er zum diakonischen Amt in der Gemeinde berufen. Nun wird dem Flüchtling eine neue Aufgabe zuteil: er predigt den Leuten von Samarien Christus. Und Gott bestätigt seinen Zeugen, auch und gerade dort im unheiligen Samarien. Philippus verkündigt ihnen den Messias. Die bittere Vertreibung hat ihn also nicht stumm gemacht, sondern sein Zeugnis befruchtet und vertieft. Philippus knüpft an ihre Erwartungen an. Auch die Samariter warten auf den Messias und sein endgültiges Eingreifen. Nun steht sein Herold, sein Beauftragter vor ihnen und ruft zum Glauben.

Der durchziehende Flüchtling erregt höchste Aufmerksamkeit. Das Volk hörte seine Worte und sah staunend die bestätigenden Zeichen. Beides, die Nachricht, der Messias Gottes ist da, und die Zeichen, die dieses Wort stützten, trafen das Herz der Leute. Es ist nämlich auch hier ein Kampf. Im weiteren tritt der Zauberer Simon hervor, der bis jetzt großen Einfluß auf die Leute ausgeübt hatte und sie mit seinen Kräften mitgerissen hatte. Gerade dort knüpft Philippus an: bei der gespannten Messiaserwartung – vielleicht hatte Simon sie sogar geschickt auf sich zu lenken gewußt, gerade durch die Krafterweise, die die Menschen an Simon erlebt hatten. Gott nimmt den Kampf auf. Er greift in seinem Zeugen den Gegner an seiner stärksten Stelle an und gibt seinem Boten die Vollmacht, Zeichen der Kraft des Messias zu wirken. Kraft steht gegen Kraft.

Gefangene werden frei, Menschen, die gefangen sind und besessen von den dämonischen Mächten. Vor dem Namen Jesu Christi müssen sie fliehen. Ihr großes Geschrei ist die Wut der Entmachteten und die Angst der Besiegten. In die Gefangenschaft tritt der Befreier und vertreibt die Zwingherren. Kranke werden gesund und Lahme können wieder gehen. Wo Jesus als Herr geglaubt und bekannt wird, da zeichnen sich die Umrisse des messianischen Reiches, der neuen Schöpfung ganz augenfällig ab. Es ist eine »Hilfestellung« Gottes für die Leute dort in Samarien. Er schlägt den Gegner mit seiner eigenen Waffe.

»Es ward eine große Freude in derselben Stadt.« Es ist die Freude der Gefangenen über die Befreiung, die Freude über die Erfüllung der Hoffnung, die Freude über die Gegenwart Gottes. Das Psalmwort geht dort in Samaria in neuer geschichtlicher Wirklichkeit in Erfüllung: »Wenn der Herr die Gefangenen Zions erlösen wird, so werden wir sein wie die Träumenden. Dann wird unser Mund voll Lachens und unsere Zunge voll Rühmens sein« (Ps 126, 1–2). Das Evangelium ist eine Freudenbotschaft und ruft deshalb Freude hervor, Freude über Gottes Handeln und Freude über die Erlösung. Hier ist nichts von der gewohnten Gleichgültigkeit, die so oft unser Zeugnis begleitet. Wo keine Freude mehr ist, da dringt das Evangelium auch nicht mehr durch, da geschieht kein Sieg.

Die Not der Flucht, die Bedrängnis der Verfolgung wird unter dem Zeugnis von Jesus in Freude verwandelt, wie es Psalm 126 weiter bezeugt: »Die mit Tränen säen, werden mit Freuden ernten. Sie gehen hin und weinen und streuen ihren Samen und kommen mit Freuden und bringen ihre Garben.« Der Herr erlöst die Gefangenen, Gott wirkt in der Zerstreuung aus Verfolgung und Angst Befreiung und Sammlung der Gemeinde in Samarien.

2. Gott wirkt in der Dunkelheit Licht

Samarien ist ein dunkles Land. Seit dem Tod Salomos war Samarien für den Juden gleichbedeutend mit Trennung, Unheiligkeit und Götzendienst. Die Reichsteilung Israels in ein Nordreich und ein Südreich, die oft im Kampf miteinander lagen, war eine Strafe Gottes für den Götzendienst, den der alternde König Salomo – seinen ausländischen Frauen zuliebe – duldete. Er verführte so das Volk Gottes zum Götzendienst und handelte gegen den Erwählungsauftrag. Das Nordreich mit der Hauptstadt Samaria in Samarien verfiel auch unter den nachfolgenden Königen immer mehr dem Götzendienst und wurde dann 722 v. Chr. von den Assyrern erobert, zerstört und die meisten Bewohner in die Gefangenschaft abgeführt. Über Samarien wird es dunkel. Der Herr hatte sich abgewandt. In den folgenden Jahrhunderten entsteht dort eine Mischreligion. Samarien lebt im Kompromiß und in der Halbheit des Glaubens und ist unwürdig und unfähig zum Dienst des Herrn. Die Assyrer siedeln fremde Völkerstämme in Samarien an. Diese Fremden erahnen zwar noch – nach Unglücksfällen und Katastrophen – etwas von der besonderen Stellung des Landes, das sie besiedeln: daß es Gottes Land ist, Israel zugesprochen und dadurch geheiligt. Deswegen nehmen sie den Glauben Israels an, aber sie behalten ihre gewohnten Götzen, errichten auch ihnen Heiligtümer und entweihen so das Land.

Über Samarien wird es dunkel. Das Licht des Wortes Gottes geht keinen Kompromiß mit der Finsternis des Götzendienstes ein. Die Finsternis breitet sich aus, das Licht scheint nicht mehr. Es ist die Finsternis der Herzen, die über Samarien liegt. Es gibt keine Erkenntnis des Herrn und seines Willens mehr. »Das unverständige Herz ist verfinstert« (Röm 1,21), so beschreibt Paulus das innerste Wesen des Götzendienstes. Solche Herzen können leicht verführt werden. Es gibt in Samarien noch eine Ahnung vom Handeln Gottes, von seiner Heilsvollendung im Messias, aber im Dunkel ihrer Herzen verfallen die Menschen von Samarien vielen Irrlichtern.

Der Mann Simon nimmt die Menge gefangen. »Erhörung« bedeutet sein Name, stammt er wohl aus frommer Familie? In seinem Umkreis herrscht das Zwielicht. »Er trieb in der Stadt Zauberei und bezauberte das samaritische Volk und gab vor, er wäre etwas Großes.« Er gilt als Zauberer, nicht in dem harmlosen Sinn wie ein Zirkuszauberer. Simon weiß mit widergöttlichen Kräften umzugehen und sie einzusetzen. Zauberei, das ist die Kraft, in der sich der Götzendienst darstellt. Es sind die Kräfte des Herrn dieser Welt, mit denen er durch die verfinsterten Herzen hindurch die Menschen in Beschlag nimmt und Gott und seinem Wort Widerstand leistet. Dabei ahmt er Gottes Handeln nach oder mischt solche Wirkungen geschickt mit Teilen der Offenbarung Gottes. Wahrscheinlich hat sich Simon selbst sogar als Vorläufer des Messias verstanden und die Erwartung seiner Landsleute geschickt ausgenützt. Solche Zauberei ist alles andere als harmlos, es ist die finstere Wirklichkeit des Satans, die hierbei Menschen verführt und betrügt.

Die Grenze zwischen Zauberei und Kraftwirkung des Heiligen Geistes ist schmal, die Gefahr der Verführung der Gemeinde bis heute groß. Woran erkennt der Mensch aber die Art der Kraftwirkung? Zunächst am Namen. Philippus nahm die Macht seiner Zeichen und Wundertaten nicht für sich in Anspruch. Er verwies klar und eindeutig auf den Namen Jesu Christi, auf den Herrn, der allein alle Macht hat. Simon gibt sich für einen Großen aus. Er rückt sich selbst in den Mittelpunkt und nimmt die Bewunderung und Verehrung als ihm gebührend entgegen. Er widerspricht nicht, wenn ihm das Volk sogar göttliche Verehrung entgegenbringt, indem es ihn die »Kraft Gottes« heißt. Wem wird das Lob und die Anbetung zugewiesen, dem lebendigen Gott oder dem Menschen, der solche Taten tut? Das ist die wichtigste Unterscheidungsfrage. Überall dort, wo unter der Kraftwirkung des Geistes Gottes Gott nicht gepriesen und geehrt wird, sondern der Jünger Ehre für sich sucht, da dringt die satanische, dämonische Macht ein. Nur die Demut schützt vor solcher Zaubereisünde.

Zum andern ist der Maßstab zur Unterscheidung von dämonischer Kraft und Kraft des Heiligen Geistes an der Wirkung auf die Beteiligten abzulesen. Simon brachte die Menschen aus der Fassung, er setzte sie in so großes Erstaunen, daß sie das klare, nüchterne Denken verloren. Dämonische Kraft zeigt sich in dem, daß sie die nüchterne Besinnung raubt, in bedrückkender Spannung die klare Einschätzung nimmt und in ständiger Abhängigkeit durch neue Eindrücke ihre Herrschaft festigt. »Lange Zeit« hatte Simon die Menschen so beeindruckt und in seine Abhängigkeit gebracht. Nicht so aber die Kraft des Geistes Gottes. Der Heilige Geist will in seinen Krafterweisen dem Menschen nicht die Besinnung rauben, sondern ihn vielmehr zur Besinnung rufen. So geht Jesus nach der Speisung nicht auf das Ansinnen der entflammten Menge ein, ihn zum König zu machen. Er geht weg und läßt den Leuten Zeit, wieder zur Besinnung zu kommen. Dann sollen sie entscheiden.

Der Heilige Geist ist ein Geist der Nüchternheit und Klarheit. Das Zeugnis des Evangeliums will nicht die Emotionen der Menge aufpeitschen und nicht zu Entscheidungen verführen, die bei Licht besehen bereut werden. Gottes Geist ruft in

seinen Krafterweisen den Menschen gerade aus dem Zwielicht
in das Licht der Gottes- und Selbsterkenntnis, um ihm so die
Möglichkeit einer verantwortlichen Entscheidung zu geben.
Mission und Evangelisation dürfen nie mit Methoden geschehen, die die Besinnung benebeln und das klare Überlegen ver-
unsichern, denn Gott will Menschen nicht umgarnen. Er will
ehrlich Antwortende, die sich ihm freiwillig und vertrauend
ergeben.

Das Dunkel dämonischer, okkulter Kräfte liegt über Samarien. Doch nun strahlt das Licht auf. Der Name Jesu Christi,
in dem Gott als unser Vater erkannt wird, macht es strahlend
hell. Die Menschen kommen unter dem Angriff der Liebe zum
Glauben. Selbst Simon, der Zauberer, hält sich zu Philippus.
Das Reich Gottes findet Bürger in Samarien. In der Taufe
bekennen sich die Menschen zum Namen Jesu. Auch Simon
gibt sich der überlegenen Kraft des Heiligen Geistes geschlagen. Er »verwunderte sich«, übersetzt Luther, noch stärker ist
aber der Ausdruck: »er entsetzte sich«. Nun geriet er außer
Fassung. Mit diesen Kräften konnte er sich nicht messen. Erst
im Licht des Namens Jesu wird die Dunkelheit der Dämonie
und der okkulten Kräfte erkannt. Erst dann wird ihr Betrug
sichtbar und ihre Verführung deutlich. Die Kraft des Heiligen
Geistes entlarvt die Götzen und Dämonen als Nichtse.

In Samarien geschieht eine Erweckung. Menschen kommen
vom Tod zum Leben. Ein Neues beginnt. Freilich, es ist erst
ein Anfang. Die Erweckung lebt zunächst aus dem allen sichtbaren Erweis der überwältigenden Kraft des Heiligen Geistes,
in der alle anderen Mächte entlarvt werden. Es fehlt die persönliche Umkehr, Buße und Abkehr vom Bösen. Bekehrung
ist nicht nur ein Übergang vom einen Herrn zum andern – das
sicher auch. Bekehrung ist Herrschaftswechsel. Dazu gehört
aber eine entschiedene Absage an die Herrschaft des Satans.
Gerade in den dämonischen und okkulten Belastungen sind
die Bindungen sehr stark und gefährden den keimenden Glauben aufs äußerste. Zu dem Vertrauen auf die Kraft des
Namens Jesu Christi, muß die entschiedene Lösung von allen
anderen Kräften kommen. Dazu bedarf es der besonderen
Kraft des Heiligen Geistes.

In Samarien geschieht Erweckung. Aber auf sich allein gestellt würde dieser neue Weg bald im Irrweg enden. Philippus predigt das Reich Gottes und die Macht des Namens Jesu. Er ist der Anstoßende, aber allein kann er die neue Gemeinde nicht festigen. Die neue Gemeinde braucht die Verbindung mit der Gemeinde in Jerusalem. Die »Saat« des Philippus braucht die besondere Gabe der Apostel zum Wachsen. Mission schafft nic Einzclgruppen, personenbestimmte Gruppen. Sie ruft in die Gemeinschaft der ganzen Christenheit, in den ganzen Bau des Reiches Gottes, sonst liegen die einzelnen Steine nutzlos da. Erst zusammengefügt wächst der ganze Bau.

Die Gemeinde in Jerusalem hört vom Lauf und Sieg des Evangeliums in Samarien. Und die Apostel Petrus und Johannes stellen die Verbindung zwischen den Gliedern her. Dabei sehen sie auch die Gefahr, die die junge Gemeinde umlauert. Ein Anfang ist gemacht, aber noch konnte der Geist Gottes nicht in die innersten Dunkelheiten der Herzen leuchten. Die Christen von Samarien vertrauen der bestätigten Kraft Jesu. Nun will aber die Kraft des Heiligen Geistes ihr persönliches Leben erneuern, erfüllen und reinigen. Ihr Glaube entstand und keimte an den Zeichen, nun sollen sie selber aufgerichtete Zeichen für den Herrn werden. Die Handauflegung der Apostel, mit der die Kraft des Heiligen Geistes ihre Herzen erfüllt, ist Weitergabe der Heil- und Reinigungskraft Gottes. In ihren Händen greift Gott selber nach ihnen und nimmt sie hinein in die Linie seines Segens. Nur so, unter sichtbarer Verdeutlichung der Herrschaft des Geistes, kann die Dunkelheit des Okkultismus gebrochen werden. In Samarien wird es hell, weil die Menschen erleuchtet werden und Lichter werden in dem Herrn.

3. Gott wirkt in der Verwirrung Klarheit

Wie aber verhält sich Simon, der überwundene Zauberer? Er ist überwunden, weil die Krafttaten des Geistes Gottes ihn weit in den Schatten stellten. Er ist überwunden, aber noch lange nicht besiegt. Er sieht in den Aposteln nicht Boten des

Heils, sondern vielmehr überlegene Konkurrenten. Sie verfügen über eine Kraft, von der er nur träumen konnte. Er mußte die Leute von Samarien immer wieder neu in seinen Bann ziehen, damit sie seine Größe auch anerkannten. Er war sich ihrer nie sicher. Die Apostel aber binden die Bekehrten durch die Kraft des Heiligen Geistes in sichtbarer Veränderung in die Nachfolge Jesu hinein, daß sie bleiben ohne allen Zwang. Solche Kraft will Simon auch haben. Da zeigt sich sein Herz in allen Bindungen der Dunkelheit, in denen es gefangen ist. Simon ist überwunden, aber nicht besiegt, er hat sich äußerlich dem Sieger angeschlossen, aber nicht ausgeliefert. Das gibt es also: Glaube an die Kraft Jesu und Taufe – ohne Übergabe des eigenen Lebens. Wieder gilt: Die Wunder und Zeichen begründen den Glauben nicht, sie stellen aber auf den Weg zur Begegnung mit dem Urheber der Wunder, sie sind Hinweisschilder und wer ihnen folgt, begegnet dem auferstandenen Herrn, der ruft: »Komm und folge mir nach.« Der bittet: »Gib mir, mein Sohn, dein Herz.« Glaube ohne persönliche Lebensübergabe ist nutzlos. Glaube ohne Erkenntnis der bösen Bindungen ist gefährliche Selbsttäuschung. Die Taufe ohne entschlossene Absage an die Macht des Satans führt auf einen tödlichen Irrweg.

Simon anerkennt die Macht des Namens Jesu Christi, er glaubt, aber er liefert sein Herz und Leben nicht Jesus aus. In ihm ist die Dunkelheit mit allen Gedanken und Erwartungen. Er bietet den Aposteln Geld, um die gleiche Kraft wie sie zu bekommen. Er will sich nicht hergeben, er will solche Macht über andere Menschen haben.

Das ist die satanische Grundstruktur dieser bösen Welt, die Machtausübung von Menschen über Menschen. Den Andern den eigenen Zwecken und Zielen dienstbar und nutzbar machen. Das gilt ganz besonders in den dämonischen und okkulten Bindungen. Erst werden solche Kräfte als Hilfe für das Leben angeboten. Wahrsagen soll vor Unglück und Not bewahren, das Besprechen und Beschwören kann Krankheiten heilen, Amulette sind Helfer gegen Unfälle, Glückszeichen sollen das Glück herbeizwingen – kurz, das Leben soll glücken und leicht sein. Und spät, oft zu spät merkt der Mensch, daß er hier in unlösbare Bindungen hineingekommen ist, daß er beherrscht, ja besessen wird und anderer Arbeit treiben muß. Der Satan schafft solche Verwirrung, er nimmt die klare Überlegung und nützt die bedrängenden Situationen von Menschen geschickt zu seinen Bindungen.

Simon steht in seinem Dienst. Er will solche bindende Macht ausüben und ist bereit, den Preis dafür zu bezahlen. Für Geld, so meint er, ist alles käuflich. Er schätzt die Apostel nach seinen Grundsätzen ein. Die Augen für das Neue sind ihm nicht aufgegangen. Beides erkennt er nicht, das Wesen der Macht Jesu Christi und die Weitergabe solcher Macht. Jesus hat Macht, alle Macht sogar, aber er will die Menschen nicht beherrschen und zwingen. Er setzt seine Macht vielmehr als Macht der Befreiung, der Fürsorge und der Liebe ein. Er herrscht, indem er dient; er regiert, indem er sich selbst aufgibt. Er hält diese Macht nicht eigennützig in seinen Händen. Er gibt seine Macht als die Vollmacht des Heiligen Geistes seinen Zeugen weiter. Als freie Gabe, dem, der ihm vertraut. Umsonst tut er das. Jesus verlangt keinen Preis. Er will kein Geld. Er wartet auf das freiwillige, gern geschenkte Vertrauen. Darauf antwortet und handelt er. Gott gibt sich umsonst. Niemand kann seine Zuwendung und Gnadenhilfe erzwingen, verdienen oder gar bezahlen. Gott selbst bezahlt in seinem Sohn unsere Schuld – das ist es, was Simon, trotz seines frommen Namens, nicht begreifen kann und will.

»So hat er weder Teil noch Anrecht an diesem Wort.« Welch harter Satz, den Petrus ihm hier entgegenhält. Evangelisation und Mission geschehen nicht als Schönrederei, um ja niemand zu verletzen. Die Dunkelheit und Besessenheit muß sehr deutlich beim Namen genannt werden. Wo die Härte gegen die Sünde verschwiegen wird, da fehlt dem Zeugnis die Durchschlagskraft. Simon anerkennt die Kraft des Wortes, aber er selbst ist davon ausgeschlossen. Er will sich diese Kraft nicht demütig schenken lassen und dienend gebrauchen; er will dafür bezahlen, um sie dann seinen eigenen, dunklen Zwecken dienstbar zu machen.

Petrus weist ihm den Weg: »Tu Buße für diese deine Bosheit.« Darum geht es bei allem Zeugnis des Evangeliums, daß der Mensch seine Bosheit erkennt, zugibt und umkehrt von diesem bösen Weg. Unser Herz ist nicht rechtschaffen vor Gott. So will die Kraft Gottes zuallererst an uns wirken, daß wir neugeschaffene Herzen bekommen. Solches aber kann nur Gott tun, der allein die Macht hat zu vergeben. Wie wird dem Simon der Spiegel seines dunklen Herzens vorgehalten: »Du bist voll bitterer Galle.« Mit diesem an 5. Mose 29,17 anklingenden Bild, beschreibt Petrus den Zustand seines Herzens. Eigentlich sind es zwei Hauptworte, die hier stehen, und sie meinen noch schärfer: Du bist in der Galle der Bitterkeit. Sein Leben und Denken ist vergällt; ein Tropfen Galle macht alles bitter. Das Bild steht auch für den Neid und die Eifersucht. Das ist der wahre Zustand des Simon, er neidet den Aposteln die Kraft Jesu, er sucht eifersüchtig seine eigene Größe wiederherzustellen.

Der Neid und die Eifersucht machen alles bitter. Das gilt bis hinein in die christliche Gemeinde und für ihren Dienst. Wo Neid und Eifersucht eindringen, da wird die Gemeinschaft ungenießbar bitter. Dann werden die Gaben Gottes, seine Dienstgaben an mich, bitter und verletzend, ja wirkungslos, wenn sie nicht in gegenseitiger Achtung und Ehrerbietung zusammenwirken, sondern in neidischer Eifersucht gegeneinander ausgespielt werden. Simon kann sich nicht freuen über den befreienden Sieg des Evangeliums in seiner Stadt. Ihm kommt die Galle dabei hoch, weil er beobachten muß, daß sein Ansehen und seine Ehre fallen. Er ist in der »Fessel der Ungerechtigkeit«, in sich selber und seinen dunklen Besessenheiten gefangen.

Es ist ein tief ernster Ton in dieser ersten großen Erweckung. In der Verwirrung und Dunkelheit dieses okkulten Landes wirkt das Zeugnis des Namens Jesu Klarheit und damit Scheidung. Simon bleibt unberührt von der umwandelnden Kraft. Er tut nicht Buße, er kehrt nicht um. Er glaubt an die Kraft Gottes, aber er läßt sie nicht an sich heran. Seine Antwort an Petrus zeigt das deutlich: »Bittet ihr den Herrn für mich, daß der keines über mich komme, davon ihr gesagt habt.« Kein Wort der Buße und Reue, kein Bekenntnis der Schuld und Bedürftigkeit. Die gewohnten alten dunklen Vorstellungen prägen ihn weiter: Diese kraftgeladenen Leute können mich schützen. Er findet nicht zu Jesus, sondern bleibt in seinen Sünden.

Das ist also auch Wirkung des Wortes Gottes. Es schafft in aller Verwirrung Klarheit. Klarheit in Errettung und Gewißheit des neuen Lebens in der Kraft des Heiligen Geistes. Aber auch Klarheit über die Sünde und den Sünder, der – gewarnt – seiner Verdammnis entgegen geht.

Die Gemeinde in Samarien wird gefestigt und gegründet. Die beiden Apostel – als Augen- und Ohrenzeugen – bringen ihr die Worte Jesu selber und gründen sie damit auf seinen Willen. Sie befestigen und vertiefen den durch Philippus aufgebrochenen Boden. Gott baut sich sein Reich mitten in der Zerstreuung, in der machtvollen, okkulten Dunkelheit Samariens und scheidet in Klarheit die Bosheit aus.

Ergebnisblatt zu Apostelgeschichte 9,1–19:
Die Bekehrung des Saulus

1. Der Aufbau des Textes:

b) Gliederung:
1. V. 1–2: Saulus verfolgt die Christen bis nach Damaskus
2. V. 3–7: Auf dem Weg dorthin begegnet ihm Christus
3. V. 8–9: Blind kommt er nach Damaskus
4. V. 10–16: Ananias wird von Gott, trotz seines Widerspruches, zu Saulus gesandt
5. V. 17–19: Saulus läßt sich taufen

c) Höhepunkt:
Er liegt in den Versen 5.15 und 16: Saulus wird vom auferstandenen Herrn selbst herumgeholt und zum auserwählten Rüstzeug, auch im Leiden, berufen.

2. Fragen zum Text

a) *Damaskus:* Eine uralte Kulturstadt am Rand der Wüste und so Zufluchtsort für die Nomaden (Damaststoffe, Damaszenerklingen). In 1. Mose 14,15 schon erwähnt, Elieser, der Knecht Abrahams, war aus Damaskus – sollte er Erbe Abrahams werden? (1 Mo 15,2).
Damaskus war immer wieder Erzfeind Israels (2 Sam 8,5; 1 Kön 11,24; 15,18). Gehörte sogar zeitweise zum Reich Israel (2 Kön 14,28). Damaskus wird bei Jesaja unter die endzeitlichen Gegner Israels eingereiht, doch es hat keine Zukunft (vgl. Jes 8,4; 10,9; 17,1). Damaskus ist wie Samarien (Jes 10,8): Es gibt Gotteserkenntnis, gemischt mit Götzendienst.

b) *Die Stimme Gottes vom Himmel* ist:
1. Bekanntgabe des Willens Gottes (vgl. 5 Mo 4,36; Jes 6,8)

2. Seine Gerichtsstimme am Jüngsten Tag (Jes 30,30; Joel 4,16; Mich 6,9)
3. Seine bestätigende Verheißung (Mt 3,17; 17,5; Joh 12,28)
   Gott redet an entscheidenden Stationen seiner Heilsgeschichte ganz direkt.
c) *Saulus:* »Der von Gott Erbetene«, wörtlich »als Darlehen erbitten«. Er stammt wohl aus einer frommen Familie.
   Paulus: »Der Kleine, der Geringe«: Ab Apostelgeschichte 13,9 wird dieser Name verwendet. Er ist Programm, denn nur der Demütige und Geringe taugt zum Dienst.
d) *Ananias:* »Der Herr ist gnädig«. Nach Apostelgeschichte 22,12 gesetzestreuer Judenchrist. Das ist Seelsorge Gottes. Dem Eiferer im Gesetz ›Saulus‹ wird ein Gesetzestreuer, doch christusgläubiger Helfer zur Seite gestellt.

3. Theologische Fragen

a) *» Wider den Stachel löcken«,* besser: ausschlagen, meint ein Bild: Das Tier, vor den Pflug gespannt, wird mit einem spitzen Stock angetrieben, wehrt es sich, dann fügt es sich Verwundungen zu. Die Macht der Berufung durch Gott wird hier ausgedrückt (vgl. auch Apg 5,39). Saulus wird vor den Siegeswagen des Christus gespannt, wenn er nicht zieht, handelt er sich Verwundung, ja Verderben ein. Obwohl er »von Mutterleib ausgesondert ist« (Gal 1,15) muß er nicht zwangsläufig handeln. Seine Freiheit der Entscheidung bleibt; allerdings: »es wird dir *schwer* werden...« Die besondere Gnade der Berufung in einer sichtbaren Begegnung mit Christus (vgl. 1 Kor 15,8) ist auch mit einem besonderen Ernst verbunden: Er wird *einmal* gefragt, Ungehorsam wäre für ihn Verderben (vgl. sonst Hi 33,29).
b) *Blindheit:* Oft Strafe Gottes (5 Mo 28,28 ff.; Apg 13,11). Auch Bild für Sünder (Offb 3,17; Mt 15,14).
   Doch bei Saulus (vgl. »siehe, er betet«) Zeit der Besinnung und Beginn des Demutsweges.

Fasten: Zeichen der Buße (Jona 3,7–8), der Trauer, aber auch der Konzentration, so bei Jesus (Mk 9,29) und hier bei Paulus.

c) Solche *direkten Begegnungen* mit Christus gibt es heute nicht mehr. Wir sind durch das Evangelium berufen. Paulus hat sein Evangelium ohne Vermittlung von Menschen direkt vom Christus (vgl. Gal Kap. 1 und 2). Wir stehen auf dem Boden des Zeugnisses der Apostel und Evangelisten, also der Heiligen Schrift, und der Glaube kommt aus der Predigt des Wortes Gottes (Röm 10,17).

d) *Vers 15 und 16* stehen in einem unlösbaren Zusammenhang: Der Auftrag des Zeugen führt hinein in das Leiden. Leiden mit Christus und für ihn – das ist wesentlicher Bestandteil des Zeugnisses, nicht etwas, was hindert oder das Zeugnis erschwert. Gottes Weg in Jesus ist der Weg des Leidens, deshalb auch der des Boten. Paulus sagt sogar: »Ich rühme mich der Trübsale...« Röm 5,3 (vgl. auch 1 Kor 4,9–13; 2 Kor 4,7–11; 11,23–30; Phil 3,10).

4. Kennzeichen der Boten Jesu Christi

a) Sie sind durch das Evangelium berufen
b) gehen durch Buße und Beugung
c) und werden im Leiden brauchbar zum Dienst.

5. Mission und Evangelisation heißt nach Apostelgeschichte 9,1–19:

Vom Herrn selbst durch sein Wort Berufene verkündigen ihn im Zeugnis und Leiden.

Apostelgeschichte 9,1–19:
Die Bekehrung des Saulus

»Im Widerstand überwunden«

Als Kinder haben wir einmal im beginnenden Herbst dürres Gras abgebrannt. Es war zwar verboten, doch reizte es wohl gerade deshalb. Bald bekamen wir es mit der Angst zu tun, denn das Feuer breitete sich bedrohlich aus. Wir versuchten, mit Jacken das Feuer wieder auszuschlagen. Doch mit jedem Schlag wurden brennende Gräser umhergewirbelt. Das Feuer breitete sich aus und griff sogar auf einen angrenzenden Wald über. Nur die eilig herbeigerufene Feuerwehr konnte größeren Schaden verhüten.

»Ich bin gekommen, ein Feuer anzuzünden«, so sagt Jesus einmal. Das Feuer der suchenden Liebe Gottes brennt seit Jesu Leben, Leiden und Sterben in dieser Welt. Es kann nicht mehr ausgelöscht werden. Sein Feuer brennt in dieser Welt, setzt immer neue Menschenherzen in Brand und entzündet in ihnen die Liebe zu dem Gott der Gnade. Die Führer Israels wollten das ihnen gefährliche Feuer im Keime ersticken, als sie Jesus zu Tode brachten. Doch in der Auferstehung Jesu loderte das Feuer der Liebe Gottes mitreißend empor. An Pfingsten wurden durch die »entzündeten« Jünger Tausende von Menschen erfaßt. Alle Schläge in dieses Feuer verbreiteten seine Wirkung immer weiter. Der als endgültig vernichtend gedachte Schlag der Steinigung des Stephanus und die nachfolgende Bedrohung und Verfolgung der Gemeinde, brachte die Glut dieses Feuers durch die vertriebenen Flüchtlinge nach Judäa und Samarien. Die »brennende« Verkündigung des Philippus zündete dort im dunklen Samarien, und das Licht des Evangeliums strahlte auf. Jeder Schlag in dieses Feuer des Evangeliums verbreitete den Brand weiter.

Saulus sieht seine wichtigste Aufgabe als gesetzestreuer Jude in einer wirksamen Bekämpfung dieses Feuers, das nach seinem Verständnis alles Bestehende und unaufgebbar Wichtige zu verbrennen droht. Es ist kein blinder Fanatismus, der ihn treibt, sondern Eifer um Gott und seinen Willen. Es ist die Frömmigkeit auf dem Weg des Gesetzes, in der Saulus handelt. Auch er ist ein Brennender; er brennt für das Gesetz Gottes. Doch sein Feuer ist tödlich und vernichtend für die, die nicht mit auf seinem Weg sind. Das Feuer des Evangeliums dagegen heilt und wärmt. Saulus ist ein Ganzer; er setzt sich ganz ein. Jesus wird ihn ganz ergreifen und ganz in seinen Dienst nehmen.

1. Ein Ganzer – im Eifer um das Gesetz

Saulus kommt aus einer frommen jüdischen Familie, die auch außerhalb Israels in Tarsus in Zilizien treu den Glauben der Väter bewahrt hat. Der Vater ist ein Pharisäer, der seine Haltung zu Gott schon im Namen seines Sohnes ausdrückt: »Der von Gott Erbetene« als »Darlehen erbitten«, so nennt er ihn. Sicher wählt der Sohn seinen Lebensweg in den Spuren seines Vaters: Als »Brotberuf« übt er die Tätigkeit eines Zeltmachers aus. Doch sein großer Eifer gilt dem Studium der Heiligen Schriften und dem Eindringen in den Willen Gottes, wie er im Gesetz geoffenbart ist. Hier wendet er allen Fleiß auf. Saulus rühmt sich seiner Zugehörigkeit zum israelitischen Stamm Benjamin, aus dem auch Saul, der erste König Israels kam. Mose nennt Benjamin und seine Nachkommen »Geliebte des Herrn«, während Jakob bei seinem voraussagenden Segen von Benjamin als dem »reißenden Wolf« spricht. Ist nicht Saulus die sichtbare Gestaltung beider Weissagungen? Aus dem »reißenden Wolf«, dem Verfolger der Gemeinde, wird »Gottes Geliebter«, der von seinem Herrn als auserwähltes Rüstzeug besonders gebraucht wird.

Saulus ist ein Eiferer um Gott. Bei Gamaliel, dem anerkannten Ausleger der Schrift, lernt er mit aller Konzentration und Fleiß den Weg des Gesetzes. Was Saulus anpackt, das tut er ganz. Er sagt von sich selber: »Ich nahm zu im Judentum über viele meinesgleichen in meinem Geschlecht und eiferte über die Maßen um das väterliche Gesetz« (Gal 1,14). Dieser Eifer drängt ihn zur Tat. Er übernimmt unter Vollmacht des Hohen Rates die Bekämpfung der christlichen Gemeinde. Dabei geht er keinen Kompromiß ein. Er meint für Gottes Heiligkeit zu streiten und greift hart zu. Erschreckend anschaulich verdeutlicht das Lukas: »Saulus schnaubte noch mit Drohen und Morden wider die Jünger des Herrn.« Er schnaubte, dabei ist mehr gemeint als nur das lautmalerische Kennzeichen des Zornes und der Wut. Das Wort Pneuma gleich Geist ist umfassender. Mit seiner ganzen Person und Energie fährt er wie ein alles zerstörender Sturm in die junge Pflanzung der Gemeinde Jesu.

In Jerusalem hat der Sturm der Verfolgung die Gemeinde hart getroffen. Stephanus ist tot. Viele Zeugen Jesu liegen in den Gefängnissen und warten auf ihren Prozeß. Viele Gemeindeglieder sind vertrieben. Ist damit das Feuer gelöscht? Saulus weiß, es darf kein Funke übrig bleiben, sonst war alles umsonst. Deshalb reist Saulus bis nach Damaskus, um alle Funken zu löschen, um alle, die sich dort etwa verborgen halten, in Jerusalem ihrem gerechten Schicksal auszuliefern.

Damaskus ist eine uralte Kulturstadt am Rande der Wüste und deshalb Zufluchtsort für die Nomaden. Die Stadt war immer wieder Erzfeind Israels, und Jesaja sieht sie als einen der endzeitlichen Gegner des Volkes. Damaskus ist wie Samarien; es gibt Gotteserkenntnis, gemischt mit Götzendienst. Dort konnten sich wohl Christen verborgen halten. Die traditionelle Feindschaft gegen Israel könnte ihnen Schutz bieten, daß sie von dort aus ihre zerstörenden Umtriebe fortsetzen könnten, so mochte Saulus vermuten. Er scheut die Gefahr in Damaskus nicht. Der Eifer um das Gesetz Gottes treibt ihn an, und mit allen Vollmachten des Gerichtes ausgestattet und unter Mithilfe der jüdischen Gemeinde will er den »neuen Weg« zerstören. Seine ganze Entschlossenheit zeigt sich auch darin, daß er selbst die Frauen nicht verschont. Wer den Brand austreten will, muß es gründlich tun.

Saulus schnaubte »noch«. Noch – in diesem Wörtlein liegt die ganze Tragik und die ganze Zukunft des Saulus. Der »reißende Wolf«, der des Herrn Ehre verteidigen und schützen will, er ist nicht recht vor Gott, seine Schritte stehen unter der unbegreiflichen Zulassung und Geduld dieses Herrn. »Noch«, das ist nicht aus dem Abstand einer rückschauenden Geschichtsschreibung nur so hingeschrieben, »es kommt ja dann doch anders« – sondern hier wird die suchende Langmut Gottes bezeugt. Er vernichtet den Zerstörer nicht. Er schlägt nicht mit gleichen Waffen erbarmungslos zurück. Welch ein Gleichnis – von dieser Unbegreiflichkeit der Geduld Gottes ist dieses sooft zu schnell gebrauchte Wort wohl angebracht – Gott wirkt auch aus dem Wüten des Saulus noch Segen, den Segen eines Zeugnisses im Leiden.

»Noch« – sehen wir diese Vorläufigkeit genügend? Wie schnell packt uns die Furcht, wenn unserem christlichen Zeugnis bedrohender Widerstand entgegentritt. Wie schnell geben wir auf. Wie wenig Vertrauen haben wir zur Kraft Gottes. Ist das nicht Trost und Ermutigung? In diesem »Noch« wird die Vorläufigkeit aller Bedrohung sichtbar. Auch darin ist Gott am Werk und er wird ein Ende machen. Als Leute Jesu wissen wir um das »Noch«. Gerade die Menschen, die in hemmungsloser Wut der Botschaft entgegentreten, können uns nicht schaden, sie können ihren Zorn vielmehr nur unter der Geduld Gottes ausleben. Gott wird sie überwinden, er »wird die Starken zum Raube haben«.

Das ist das »Noch« der Zukunft des Saulus: Gott wird seine Wege und Pläne durchkreuzen. Sein Plan für das Leben des Saulus wird ihn packen. »Noch« – ist Saulus ein Feind Gottes, aber dessen Hand ist bereit, ihn zu greifen und in seinen Dienst zu stellen. Es ist kein unabwendbares Schicksal gemeint, dem dieser junge Pharisäer nicht entrinnen könnte. Das »Noch« weist auf den Augenblick der Begegnung hin, die Saulus widerfahren wird. Es ist das »Noch«, das alle Zukunft des Handelns Gottes öffnet, so wie es in 1. Mose 2,4–5 heißt: »Es war zu der Zeit, da Gott der Herr Himmel und Erde machte. Und alle die Sträucher auf dem Felde waren ›noch nicht‹ auf Erden, und all das Kraut auf dem Felde war ›noch nicht‹ gewachsen; denn Gott der Herr hatte ›noch nicht‹ regnen lassen auf Erden und kein Mensch war da ...« Oder wie es von dem jungen Samuel heißt, als er gerufen wurde (1 Sam 3,7): »Samuel kannte den Herrn ›noch nicht‹.« Saulus ist dem

Herrn seinem Gott »noch nicht« begegnet. Dieser, sein Leben entscheidende Augenblick steht ihm »noch« bevor. Darin liegt seine Zukunft.

Der andere Mensch ist nicht mein Feind, auch wenn er mir so entgegentritt, sondern mein »noch nicht« glaubender Bruder. Das ist der missionarische Blick des Jüngers Jesu für den Menschen. In diesem »noch nicht« steckt der Antrieb zum Zeugnis. Dieses »noch nicht« zeigt uns die Vorläufigkeit aller unserer Urteile und Einschätzungen. Dieses »noch nicht« hält uns offen für die Begegnung mit unseren Nächsten. »Noch« ist Zeit der Gnade und des Heimrufens. Erst im neuen Jerusalem, wie es in Offenbarung 21 verheißen ist, wird das »noch« zu Ende sein, denn es heißt: »Und wird nicht hineingehen irgendein Unreines und nicht, der da Greuel tut und Lüge, sondern allein, die geschrieben sind in dem Lebensbuch des Lammes« (V. 27).

Mission und Evangelisation werden unmöglich, wenn wir mit letztem Urteil richten. Das wird Gott selber tun. Wir sind beauftragt, einzuladen und zu bezeugen. Wo wir Ablehnung erfahren, wissen wir den andern trotzdem unter dem »Noch« der Zukunft Gottes.

2. Ein Ganzer – in der Erschütterung der Begegnung

Der Auferstandene begegnet Saulus. Er tritt ihm entgegen auf dem Weg nach Damaskus. Saulus war nahe an der Stadt und mag sich seine Pläne zurechtgelegt haben. Seine Pläne – doch Gottes Plan ist anders. Seine Pläne – böse Pläne, Pläne, mit denen er Gott zu dienen trachtete und die doch gegen das Reich Gottes gerichtet waren. Jesus läßt den Saulus nicht in seinem Bösen laufen. Er tritt ihm entgegen – gerade auf dem bösen Weg.

Plötzlich geschah solches. Völlig unerwartet, nicht vorausberechenbar und nicht erzwingbar. Diese Begegnung ist nicht in menschliches Planen einzubauen. Das Unvermutete, alles eigene Erwarten sprengende, ist damit festgehalten. Der Herr tritt ihm im Lichtglanz entgegen. Saulus wurde umleuchtet, wie eine Mauer von Licht blitzte es um ihn. Der Verfolger ist gestoppt und gestellt. Alle Auswege sind ihm abgeschnitten. Nun sieht er sich vor die Wirklichkeit dessen gestellt, den er bekämpft.

Wo Gott einen Menschen stellt, da bleibt diesem kein Schlupfloch offen, da gilt es zu entscheiden, Ja oder Nein zu sagen. Solche persönliche, wirkliche Begegnung mit dem auferstandenen Herrn gibt es seit Saulus nicht mehr. Er ist der Letzte, dem der Herr – bis zu seiner Wiederkunft freilich – so direkt entgegentritt. Für uns gilt, wie es Luther in der Erklärung zum dritten Glaubensartikel sagt: »sondern der Heilige Geist hat uns durch das Evangelium berufen, mit seinen Gaben erleuchtet und im rechten Glauben geheiligt und erhalten.« Doch das geschieht bis heute: Wo Menschen dem lebendigen Herrn in seinem Wort begegnen, da wissen sie darum. Das ist kein unverbindliches Geschehen oder Ahnen. Da wird ein Mensch gestoppt und unausweichlich zur Antwort gerufen. Das versucht das oft zu glatt gebrauchte Wort »Bekehrung« auszudrücken.

Das Licht kam vom Himmel, so steht es ausdrücklich da als Ursprungsangabe. Es ist kein Erkenntnisvorgang im Verstand oder im Gefühl des Saulus, sondern Gottes Wirklichkeit, die hier auf ihn eindringt. Alle psychologischen Erklärungsversuche für die »Damaskusstunde« des Saulus greifen viel zu kurz, ja noch schärfer, sie leugnen die Wirklichkeit des auferstandenen Christus. Es ist keine Vision, die Saulus hier hat, auch seine Begleiter stehen erstaunt, sprachlos und wie angewurzelt. Sie nehmen etwas wahr, das sie lähmt, doch können sie es nicht fassen.

Wieder gilt: Heute begegnet uns der Herr im Anruf des Evangeliums; aber Bekehrung ist mehr als ein psychologisch erklärbarer innerseelischer Vorgang. Wer solches Geschehen leugnet oder in menschliche Verstehenskategorien einfangen will, der leugnet die Wirklichkeit des Heiligen Geistes, der verneint die Kraft des Wortes Gottes. Dem lebendigen Gott zu begegnen, das ist mehr als Gefühl, mehr als ein Erkenntnisvorgang, mehr als psychologische Seelenregungen, mehr als überdrehtes religiöses Gefühl, das ist der Einbruch der Wirklichkeit des lebendigen Herrn in unsere verschlossene Todeswirklichkeit. Das ist der Weckruf über einem Leichenfeld. Darum ist die Wirkung der Verkündigung des Wortes Gottes auch nicht in solchen menschlichen Maßstäben zu messen – sie mögen manchem Hilfestellung geben, um sich der Wirklichkeit Gottes zu nahen –, denn der »natürliche Mensch« kann den Geist Gottes nicht fassen. Bestenfalls gibt es ein Ahnen der umwandelnden Kraft des Evangeliums bei ihm.

Saulus fällt in den Staub, die Unterwerfung vor dem Herrscher ist der angemessene Ausdruck in dieser Begegnung. Und nun redet ihn Jesus Christus an, ganz persönlich und unmittelbar; er ist gemeint, daran bleibt kein Zweifel. Er hört sich beim Namen gerufen, sicherlich sehr bewußt als Saul, mit dem hebräischen Ehrennamen, und nicht in der griechischen Form Saulus angeredet. Gott hat ihn im Auge und ruft ihn bei Namen. Es ist eine persönliche Begegnung: Der Auferstandene tritt Saul, und jetzt nur ihm, gegenüber. Diese Struktur der unmittelbaren, persönlichen Begegnung ist kennzeichnend für den Anruf Gottes an den Menschen durch sein Wort bis heute. Es ist keine Massenbewegung, sondern der einzelne wird im Evangelium ernst – und angenommen, ganz persönlich bei seinem eigenen Namen gerufen. Jesus kennt Saulus. Er hat sein Tun wohl gesehen.

»Was verfolgst du mich?«, so fragt er und enthüllt damit den Eifer des Pharisäers Saulus in seiner ganzen bösen Tiefe. Saulus verfolgt die christliche Gemeinde, und das trifft den Herrn der Gemeinde selber. Saulus hat es nicht mit Menschen zu tun, sondern mit dem auferstandenen Christus selber. Keine Verdammung, keine Vorwürfe und auch kein verwerfendes Urteil ist diese Frage. »Was verfolgst du mich?« Ein Doppelsinn liegt in dieser Frage: Saulus geht hinter Jesus her – das meint doch verfolgen –, doch nicht, um sich ihm anzuschließen, sondern um ihn wegzutreiben, um ihn zu vernichten. Warum bist du gegen mich und nicht für mich?, so heißt die Frage. Und zum andern enthüllt dieses Wort verfolgen die wahre Natur dieses Eifers, es ist Eifer gegen Gott.

Die Antwort des Saulus zeigt noch einmal seine Blindheit für das Handeln Gottes in Jesus. »Herr, wer bist du?« Herr –

das ist mehr als die gewohnte Anrede. »Kyrios«, den Gottestitel, gebraucht Saulus – die Augen gehen ihm auf. »Wer bist du?« Noch ist dieser Herr ihm fremd, widerspricht all seinem Verstehen und Glauben und doch bricht in dieser stammelnden Frage der Panzer der Selbstgerechtigkeit, der um Saulus lag. Er anerkennt diesen Mächtigen, der ihn gestellt hat in Wort und Haltung, als Herrn. Und so offenbart sich ihm der Christus. »Ich bin Jesus, den du verfolgst.« Der irdische Name des Sohnes Gottes, der aus der Gemeinde der frommen Juden getilgt wurde, den der Pharisäer nur mit Abscheu nennt, damit bekennt sich der auferstandene Christus zum Heilsplan Gottes. Knapp und fast atemlos ist dieses kurze Zwiegespräch. Keine tiefen Geheimnisse oder mystischen Formeln werden ausgetauscht – und etwa deswegen waren die Begleiter Saulus, danebenstehend, vom Verstehen ausgeschlossen –, nein, hier wird Saulus die Decke von den Augen gerissen. Er erkennt sich und sein widergöttliches Handeln und die Herrlichkeit und Wirklichkeit des auferstandenen Jesus von Nazareth.

»Ich bin Jesus, den du verfolgst« – nun kommt die Abrechnung. So denken wir. Doch wie bei der Begegnung des Auferstandenen mit seinen schuldbeladenen Jüngern, so führt auch diese Begegnung zur Sendung, zum nächsten Schritt: »Stehe auf und gehe in die Stadt, da wird man dir sagen, was du tun sollst!« Es ist ein Schritt des Gehorsams, der Saulus zugemutet wird. Gar nichts weltbewegendes, eigentlich das Nächstliegende und Selbstverständliche. Nur – der Herr sagt ausdrücklich: »da wird man dir sagen«. Jetzt gibt ein anderer die Befehle im Leben des Saulus. Nicht mehr seine Gedanken und Pläne bestimmen sein Tun, er muß es sich sagen lassen, was er tun soll. Er soll abhängig werden und Gehorsam lernen.

Und Saulus gehorcht. Er steht auf. Blind ist er geworden. Bis in die äußeren Notwendigkeiten hinein ist er nun abhängig geworden. Wie anders geschieht diese Ankunft in Damaskus als geplant. »Sie nahmen ihn aber bei der Hand und führten ihn nach Damaskus.« So kommt der hohepriesterliche Kommissar nach Damaskus. Ein geschlagener Mann, dem seine Pläne durchkreuzt sind, ein Hilfloser, der geführt werden muß, aber einer, der auf Hilfe wartet. Seine Macht ist zerbrochen unter dem Anruf dieses Herrn, er muß auf die leitende Macht Gottes warten.

»Er war drei Tage nicht sehend, aß und trank nicht.« Was für eine Gehorsamsprobe für diesen stürmischen, eifernden jungen Mann. Welche Zurückhaltung auch in dem Bericht des Lukas. Kein Seelendrama wird hierbei entfaltet. Wir werden nicht mit hineingenommen in die inneren Kämpfe dieses Zerbrochenen – die Bibel ist ein keusches Buch – daran sollten wir uns bei unseren gruppendynamischen Seelsorgegesprächen wieder mahnen lassen –, der ganze Bericht zielt auf das Handeln Jesu. »Er betet« – soviel erfahren wir von Saulus. Er steht vor Gott. Er fastet. Sein Gebet ist damit ganz sicher auch von Buße und Trauer bestimmt, aber auch in spannungsvollem Warten auf das Weiterhandeln des Christus. Die Stunde vor Damaskus ist das Ende des stolzen Saulus. Jetzt formt sich der Herr sein auserwähltes Rüstzeug, das sich bald Paulus, und das heißt der Kleine, der Geringe, nennt. »Er schnaubte noch«, so zog er nach Damaskus, jetzt wartet er blind, fastend und betend auf die nächsten Schritte, wie Jesus ihn führen wird.

3. Ein Ganzer – im Auftrag zum Zeugnis und Leiden

Der auferstandene Herr selbst hat in den Lebensgang des Saulus eingegriffen und ordnet nun die nächsten Schritte. Saulus bleibt in seinem ringenden Beten nicht ohne Antwort. In einem Gesicht wird ihm der nächste Schritt gezeigt: Ein Mann namens Ananias wird zu ihm kommen, ihm die Hand auflegen, und er wird wieder sehend werden. Schon der Name enthält Trost. Ananias: »der Herr ist gnädig.« Das ist Versprechen und Verheißung für den zerschlagenen Eiferer. Doch werden auch seine Demut und sein Gehorsam erprobt. Saulus muß sich von diesem ihm unbekannten Mann die Richtung weisen lassen. Er, der bis jetzt in eigenem Eifer seinen Weg gegangen ist, empfängt nun Anweisungen von anderen.

Ananias wird zum Werkzeug Gottes an Saulus. Dabei wird die Seelsorge Gottes deutlich. Dem Eiferer für das väterliche Gesetz, Saulus, wird ein gesetzestreuer Judenchrist für die ersten Schritte zur Seite gegeben. »Es war aber ein gottesfürchtiger Mann nach dem Gesetz, Ananias, der einen guten Ruf hatte bei allen Juden, die daselbst wohnten«, so schildert ihn Paulus in Apostelgeschichte 22,12.

Ein gottesfürchtiger Mann, der ein Jünger Jesu war. Jesus redet ihn an, und er hört. Ganz unmißverständlich wird ihm vom Herrn selbst ein Auftrag gegeben, bis in alle Einzelheiten des Ortes und der Person hinein. Ananias erschrickt, denn dieser Name, Saulus von Tarsus, den ihm sein Herr nennt, der bedeutet für die Bekenner Jesu Arges. Die Kunde von dem Sonderbevollmächtigten des Jerusalemer Gerichtes zur Gefangennahme der Christen ist Saulus vorausgeeilt. Ananias legt seine Bedenken dem Herrn hin. Für sein Verstehen und Denken ist der Auftrag, den Jesus ihm gibt, ganz unfaßlich, ja geradezu gefährlich. Wieviel Übles hat er den Christen schon angetan, sein Name bedeutet Leiden und Verfolgung für die Christen.

Jesus macht den Ananias nicht zum willenlosen Befehlsempfänger. Er läßt ihn an seinen Wegen und Plänen teilhaben. In zweifacher Weise geht er auf die Vorbehalte seines Boten ein. Einmal wird Saulus so gekennzeichnet: »Er betet«, genauer, er ist zum Bittenden geworden oder sogar, er betet mich jetzt an. Damit ist die völlige Kehrtwendung ausgedrückt. Und zum Zweiten zeigt der Herr dem Ananias seinen Plan mit Saulus, wie und zu was er ihn gebrauchen will.

Jesus nimmt seine Boten mit hinein in seine Wege. Wir sind Kinder Gottes, nicht Sklaven in dem Sinn, daß wir willenlos und zwingend zum Dienst getrieben werden. Das zeigt die Würde der Gotteskinder: sie haben Anteil und Wissen an den Gedanken ihres Herrn. Freilich, nicht immer schlüsselt uns Jesus seine Wege auf. Oft sehen wir nur den nächsten Schritt und sollen im Gehorsam und Vertrauen auch uns unverständliche Wege mitgehen. Doch an wichtigen Stellen unseres Dienstes antwortet Jesus auf unser Fragen mit einer klaren Deutlichkeit. Wir dürfen das erleben und von dort her gewinnt unser Vertrauen auch bei den dunklen Strecken festen Grund und Anhalt.

Ananias fragt, wohl nicht im Widerspruch, vielmehr im Staunen und weil er nicht begreifen kann. Verdient denn dieser bekannte und gefürchtete Feind Jesu Christi – denn das ist Saulus in seinem Wüten – Schonung? Das ist gegen alles menschliche Denken und Vorstellen.

Wir wissen oft wohl um die Worte Jesu und um das ganze Evangelium, aber sind wir nicht oft wie Ananias? Wenn es um die Verwirklichung, um die Praxis des Evangeliums geht, dann drängen sich doch unsere menschlichen Maßstäbe und Vorstellungen dazwischen. Wir wissen es und glauben es, daß der Herr gnädig ist, aber wenn sich seine Gnade an denen offenbaren will, die wir für unwürdig halten, dann zögern wir. Am Kernstück des christlichen Glaubens, an »der Rechtfertigung der Gottlosen« haben wir zu lernen, solange wir leben, haben wir Demut zu lernen, Demut vor der schrankenlosen Liebe Gottes, der auch uns geliebt hat, »als wir noch Feinde waren«. Darum noch einmal in aller Schärfe: Unser Zeugnis für Jesus lebt davon, daß wir diesen Blick der Liebe haben, die den anderen Menschen, auch und gerade den Ablehnenden und Feind des Evangeliums, als einen sieht, dem Gott unermüdlich nachgeht, für den Jesus auch gestorben ist. Unsere Maßstäbe von Würdigkeit gelten im Reich Gottes nicht. Wir sind allesamt als seine Mitarbeiter unwürdig, aber geliebt und von ihm begnadigt und gebraucht.

Ein doppelter Auftrag wird dem Paulus gegeben. Er, der alle, die sich zum Namen, und das heißt zur Wirklichkeit der Kraft des Auferstandenen bekannten, aufs schärfste verfolgte, er wird nun zum Zeugen für eben diesen Namen. Ein »auserwähltes Rüstzeug« nennt ihn sein Herr vor Ananias. Er ist also Gefäß, in das der Herr seine Barmherzigkeit hineingießen will. Paulus selber sagt das dann so: »Da es aber Gott wohlgefiel, der mich von meiner Mutter Leibe an hat ausgesondert und berufen durch seine Gnade...« (Gal 1,15). Gott selbst ist und bleibt der Handelnde. Er ruft sich seine Boten und bereitet sich seine Gefäße zu. Dort, wo Paulus angefüllt war mit seiner Frömmigkeit, mit seinem Eifer, mit seinem Wissen, da wird nun der Geist Gottes eingegossen. Er wird zu einem »Becher des Überfließens«, das meint, die Gnade Gottes fließt aus ihm zum Heil für andere. Er wird die Kraft Jesu Christi vor die Heiden tragen, also in aller Öffentlichkeit bezeugen. Heiden – Menschen, die nie etwas vom »wahren« Gott gehört haben. Auf dem Areopag in Athen, dem weltberühmten Platz der Weisheit und Redekunst, dort nennt Paulus den Namen Jesu. Vor Königen und Fürsten bezeugt er die Macht Jesu Christi – der König Agrippa und der römische Statthalter Felix werden von der Wucht seines Zeugnisses ergriffen. Seinem eigenen Volk Israel wird Paulus Jesus als den Messias verkündigen und sich Haß, Mordabsicht und Mißhandlungen einhandeln.

Durch den Verfolger Saulus haben Christen gelitten, weil sie den Namen Jesu bekannten. Nun wird der Apostel Paulus leiden um des Namens Jesu willen. Der Herr selbst wird ihn in dieses Leiden hineinführen. Der Auftrag des Zeugen führt hinein in das Leiden. Leiden mit Christus und für ihn, das ist ein wesentlicher Inhalt des Zeugnisses von Jesus Christus, nicht etwas, was hindert oder das Zeugnis erschwert. »Es ist nötig« heißt es sogar im griechischen Text, es muß sein. Es ist das »Muß« Gottes, um das es dabei geht. Gottes Weg zu den Menschen in seinem Sohn Jesus Christus ist der Weg des Leidens, des Mitleidens, deshalb ist das auch unabdingbar der Weg seiner Boten und Nachfolger. Gott schlägt nicht zurück, so auch seine Boten nicht. Deshalb stecken sie Schläge ein, bis hin zur körperlichen Gewalt, damit die Liebe Gottes sichtbar wird. Paulus sagt in der Beschreibung seines Dienstes im zweiten Korintherbrief, Kapitel 11, Vers 24 und 25: »Von den Juden habe ich fünfmal empfangen vierzig Streiche weniger einen; ich bin dreimal mit Ruten geschlagen, einmal gesteinigt...« Warum das alles? Nach leidvollen Erfahrungen findet Paulus zu dieser Antwort: »Wir tragen allezeit das Sterben unseres Herrn Jesu an unserem Leibe, auf daß auch das Leben Jesu an unserem Leibe offenbar werde, denn mitten im Leben werden wir immerdar in den Tod gegeben um Jesu willen, auf daß auch das Leben Jesu offenbar werde an unserem sterblichen Fleische« (2 Kor 4,10–11). Es ist die Konsequenz aus der Anweisung Jesu in der Bergpredigt: »Überwindet das Böse mit Gutem.«

188

Gott vernichtet nicht das Böse und damit auch den bösen Menschen mit harter Gewalt. Das Gesetz des Reiches Gottes, des Heilsweges Gottes, sieht anders aus: Gott besiegt den »Vater des Bösen«, den Satan selbst und ruft die vom Bösen Besessenen aus ihrer Gefangenschaft heraus, indem er ihnen die Wirkungslosigkeit der bösen Macht zeigt. Das hat er getan in der Auferstehung Jesu Christi, wo er die letzte Vernichtungsmacht des Bösen, den Tod, in seiner Wirkungslosigkeit enthüllt hat. Der Nachfolger, der das Böse auf sich nimmt, duldet, und im Leiden Zeuge bleibt, zeugt letztlich für die neuschaffende Kraft Gottes, indem er alle ihm angetane Gewalt in ihrer letzten Bedeutungslosigkeit entlarvt.

Alle Gewalt und alle Macht des Bösen zielt auf Vernichtung, Verfolgung, Marter, Schläge, Hunger, Krankheit, Spott – alle diese Mittel des Bösen wollen Vernichtung. Am deutlichsten wird das im Tod. Die »Gewalt« und Macht Gottes will Neuschöpfung, Aufbau und Vollendung. Deshalb setzen Zeugen Jesu Christi gegen die vernichtenden Kräfte die Kraft des umwandelnden Wortes: Wo sie verfolgt werden, da bitten sie für ihre Verfolger. Wo sie geschlagen werden, da segnen sie. Wo ihnen geflucht wird, da loben sie, wo sie getötet werden, da hoffen sie. So wird an ihnen die Schöpferkraft des Evangeliums zur Wirklichkeit vor ihren Feinden. Das Leiden Gottes, erwiesen in seinem Sohn und durchgehalten in seinen Boten und Zeugen, das ist die Wirklichkeit der neuschaffenden Gotteskraft gegen die vergehende Wirklichkeit der vernichtenden Macht des Bösen.

In dieses Amt und in diesen Auftrag Christi, Neuschöpfung anzusagen und in seinem eigenen Leib auch zu leben, wird Saulus gerufen. Er kann im Brief an die Römer deshalb bekennen: »Wir rühmen uns auch der Trübsale...« (Röm 5,3). Das ist sein Lebenszeugnis geworden.

Und Saulus tritt in entschlossener Kehrtwendung in diesen Auftrag ein. Er läßt sich rufen. Der gehorsame Ananias kommt zu ihm und weist ihm den nächsten Schritt. Wie bezeichnend ist doch die Anrede: »Lieber Bruder Saul...« Aus dem Feind ist ein Bruder geworden. So kann die Kraft Jesu Christi Menschen verwandeln. Nun handelt der Herr weiter, Schritt um

Schritt an seinem Werkzeug. Unter der Handauflegung des Ananias wird Saulus wieder sehend und empfängt den Heiligen Geist. Die Kraft Jesu Christi ist verleiblicht in seinem gehorsamen Zeugen. Ananias wird zum Segensträger Gottes. Saulus sollte nicht vernichtet werden, deshalb wird er auch äußerlich geheilt – die neuschaffenden Kräfte erweisen sich bis hinein in seine Körperlichkeit.

»Und alsbald fiel es von seinen Augen wie Schuppen...« Hierbei geschieht nicht nur etwas Äußerliches, daß er wieder sehen kann; hier fällt auch die Decke, die Israel in seiner Blindheit vor Augen hat und die ihm die Erkenntnis des Christus verwehrt. Saulus wird zum Paulus, der die Herrlichkeit des Herrn gesehen und erfahren hat und nun mit ganzer Hingabe sein Zeuge wird. Die Entschlossenheit seiner Umkehr wird in ganz knappen Sätzen bezeugt: »Er stand auf« – die Zeit des Wartens ist nun vorbei, jetzt steht er unter der Antriebskraft des Heiligen Geistes und ist bereit, sich antreiben zu lassen. »Er ließ sich taufen« – er stellt sich hinter diesen Herrn und bezeugt seine Absage an sein altes Leben und Denken in der Buß- und Sendungshandlung der Taufe. Er will sein Leben nun im Namen Jesu Christi leben. »Er nahm Speise zu sich und stärkte sich« – die Zeit des Fastens, der Trauer und der Selbstbesinnung ist abgeschlossen. »Pflüget ein Neues«, Paulus legt nun die Hand an den Pflug und sieht nicht zurück und wird so geschickt zum Dienst im Reich Gottes.

Ergebnisblatt zu Apostelgeschichte 15,1–34: Das Evangelium kommt zu den Heiden

1. Der Aufbau des Textes

b) Gliederung:
1. V. 1–6:   Die Streitfrage in Antiochien und Anfang der Beratungen in Jerusalem
2. V. 7–12:   Die Antwort des Petrus
3. V. 13–21: Die Antwort des Jakobus
4. V. 22–29: Das Antwortschreiben an Antiochien
5. V. 30–34: Antiochien freut sich über die Antwort

c) Höhepunkt:
V. 11.28–29: Allein der Glaube an Jesus Christus macht Juden und Heiden selig. Solcher Glaube bewährt sich in nötigen, brüderlichen Einordnungen.

2. Fragen zum Text

a) Es gab die *Ämter* der *Apostel*
– einmaliges, unwiederholbares Amt für die Augen- und Ohrenzeugen des irdischen Lebens Jesu
Älteste kannte Israel seit jeher. Unter Mose leiteten 70 von ihm ausgewählte Sippenälteste (auch dem Alter nach Älteste) das Volk (vgl. 4 Mo 11,16.25 ff.) Die Ältesten der ntl. Gemeinde waren berufen durch göttliches Wort, bestätigt von den Aposteln und Leiter der Gemeinden. Das tatsächliche Alter war nicht mehr so wichtig.
Aus Apostelgeschichte 6 kennen wir noch das Amt der sieben *Armenpfleger* (Diakone).

b) *Barnabas* (»Sohn des Trostes«), Zuname Joses (»Gott hat hinzugefügt«). Gläubig gewordener Levit aus Zypern. Verkaufte seinen Acker = Begräbnisplatz (Apg

4,36). Er bricht also mit den jüdischen Traditionen. Erster (Apg 9,27) und engster Mitarbeiter und Freund des Paulus.

Jakobus von Jakob (Fersenhalter, der Listige) ist der Bruder des Herrn (Mt 13,55). Ihm begegnet der Auferstandene (1 Kor 15,7). Er ist der Vorsteher der Jerusalemer Gemeinde (Apg 21,18; Gal 2,9), wohl um 62 n. Chr. vom jüd. Hohenpriester getötet.

c) Enthaltung von *Götzenopfer* – das 1. Gebot aus den 10 Geboten. Grundlage aller Gottesbeziehung.

Unzucht – das 6. Gebot. 1. und 6. Gebot hängen engstens zusammen, denn alle Religion in Kanaan und darüber hinaus war Fruchtbarkeitskult mit geschlechtlichen Praktiken. Israel bzw. die neutestamentliche Gemeinde kann hier nicht mitmachen. Ihre Leiber sind Tempel des Heiligen Geistes (1 Kor 6,18–20).

Ersticktes – besser: »Aas« ist dem Israeliten verboten zu essen, denn der Tod, gerade auch der Kreatur, zeigt den tiefen Fall der Schöpfung durch die Sünde der Menschen.

Blut – das 5. Gebot, denn alles Leben gehört Gott, und Blut ist der Sitz der Seele. Beides zusammen ist eine Form des 5. Gebotes. Ersticktes als negative Erinnerung: Der Tod ist der Sünde Sold. Blut als positive Erinnerung: Gott ist Herr des Lebens.

So sind diese vier Enthaltungen schon in 3. Mose 17,10–18 zusammengestellt als gültig für die Kinder Israel *und* den bei ihnen wohnenden Fremdling.

d) *Judas Barsabas* (»Sohn des Sabbats«) ist ein Lehrer und Prophet der Jerusalemer Gemeinde (vgl. auch Apg 1,23).

Silas, hebräisch Saul (»der Erbetene«), ist ebenfalls Prophet und Lehrer, römischer Bürger (Apg 16,37), enger Mitarbeiter des Paulus, später auch »Sekretär« des Petrus (1 Petr 5,12).

3. Theologische Fragen

a) Der *Anlaß des Streites* ist die Kernfrage des Evangeliums: Wie wird ein Mensch selig? Allein aus Gnade, oder braucht es noch Gesetz und Beschneidung? Es ist die alte und immer neue Frage: Allein Jesus Christus – oder Jesus und...? Wo liegt denn unser *und?* Allzuoft im Vertrauen auf irdischen Besitz, das ist die Versuchung der Christen in den Wohlstandsländern. Aber auch im *und* unserer Eigenleistung (vgl. Lk 17,10).

b) Die beiden griechischen Worte bezeichnen *keinen »Streit« in unserem Sinn,* sondern bezeichnen V. 2 Aufruhr = »Aufkommen von Wind« und V. 2 und 7 »Streit« = ernsthaftes, ringendes Fragen und Suchen. Es fehlen alle Merkmale einer zornigen Auseinandersetzung. Hier findet ein brüderliches Ringen um das rechte Verständnis des Evangeliums statt. Alle Beteiligten stehen auf dem Boden des Glaubens.

c) Die *Lösung* erfolgt in vier Schritten:

1. Die Übereinstimmung der ganzen Gemeinde wird gesucht. (Jerusalem als Muttergemeinde hat Autorität.)

2. Petrus weist auf die heilsgeschichtlichen Tatsachen hin: Gott hat ja schon längst Heiden gerufen ohne jede Bedingung (Pfingsten, Kornelius, Kämmerer). Sehen, wie Gottes Segen läuft.

3. Jakobus zeigt mit Amos 9,11–12, daß die Schrift diese Tatsachen bestätigt.

4. Brüderliche Einigkeit wird gefunden. Auch die gläubigen Juden fügen sich ein. Die vier Enthaltungen sollen die Gemeinschaft zwischen Juden- und Heidenchristen bewahren. Den Heidenchristen wird ein Verzicht um der jüdischen Brüder willen zugemutet.

4. Kennzeichen der Boten Jesu Christi

a) Sie vertrauen allein auf die Gnade Jesu Christi.
b) Sie ringen unter dem Wort um die brüderliche Einigkeit am Evangelium.
c) Sie halten die Gemeinschaft miteinander fest.

5. Mission und Evangelisation heißt nach Apostelgeschichte 15, 1–34:

Ohne Unterschiede zu machen, alle herzurufen und zur brüderlichen Einigkeit anleiten.

Apostelgeschichte 15,1–34:
Das Evangelium kommt zu den Heiden

»Selig, allein durch die Gnade Jesu Christi«

Die Stadtverwaltung in Hongkong ist mit ihrem Programm für die »boat-people«, Leute, die auf brüchigen Booten in großer Armut leben, kläglich gescheitert. Dabei hat sie sich alle Mühe gegeben. Anstatt der ärmlichen, unzumutbaren Boote, stellte sie diesen Menschen moderne Wohnungen in neuerbauten Häusern zur Verfügung, kostenlos für die ersten Jahre sogar. Aber die meisten zogen erst gar nicht ein. Nicht einmal die Androhung von Strafen konnte sie zum Umzug bewegen. Ihre altvertraute Umgebung, die lange Reihe der Generationen vor ihnen, die dort gelebt hatten, die Angst vor dem Neuen, die Sicherheit alt eingespielter Lebensabläufe – all das zogen sie vor, ungeachtet der wirklich unzumutbaren Verhältnisse auf ihren Booten. Die wenigen aber, die umzogen, sie ließen die Wohnungen in kurzer Zeit verlottern. Sie lebten weiter im gewohnten Stil. Die Abfälle vor den Fenstern türmten sich zu Bergen. Ungeziefer kam in Scharen, und bald funktionierten kein Wasserhahn und kein Licht mehr. Sie waren zwar umgezogen, aber sie konnten sich nicht umstellen. Sie waren ins Neue gegangen, aber ihre Lebensgewohnheiten waren nicht neu geworden. Sie hielten am Altvertrauten fest und verspielten so das Neue.

Solche enttäuschenden Entwicklungen erlebt man nicht nur bei äußeren Hilfsprogrammen. Es ist für Menschen schwer, oft sogar unmöglich, geistig umzudenken. Sie bleiben in ihren Denkmustern und Traditionen, obwohl neue Anstöße sie weiterbringen könnten. Davon weiß mancher Arzt oder Sozialhelfer ein Lied zu singen. Das gilt aber auch für den geistlichen Bereich. Auch in der Nachfolge Jesu Christi, in seiner Gemeinde gibt es Jünger, die aufgebrochen sind ins Neue, aber vom Alten nicht lassen wollen oder können und so in Gefahr kommen, alles zu verspielen. Doch das neue Leben in Christus, das Leben in der Kraft des Heiligen Geistes, erweist seine Macht nur bei dem, der sich vom alten Leben entschlossen abkehrt. Darin ist sogar die Grundfrage des Vertrauens für den Jünger angesprochen: Vertraut er neben der Kraft Jesu Christi noch auf andere Kräfte, dann wird die Kraft Gottes nicht wirksam; oder lebt er allein aus der Gnade und Kraft Jesu Christi? Das ist *die* Versuchung für den Christen, für die christliche Gemeinde von Anfang an, neben Jesus noch andere Sicherungen zu suchen. Dieses »Jesus und...« lähmt eine Gemeinde.

1. Jesus und...

Das Evangelium von Jesus Christus hatte seinen Siegeszug angetreten. Es war wahr geworden, was der Herr von Paulus gesagt hatte: »Er wird meinen Namen vor die Heiden tragen.« Nachdem die Juden in den Städten Kleinasiens in ihrer Mehrheit das Evangelium auf das Schärfste ablehnten, verkündigte Paulus die frohe Botschaft den Heiden – und fand Gehör. In Antiochien war unter der Verkündigung der christlichen Flüchtlinge aus Jerusalem eine Gemeinde des Herrn entstanden. Paulus und Barnabas fiel die Aufgabe zu, diese Gemeinde zu gründen in Lehre und Leben. Sie wurde so etwas wie die Heimatgemeinde des Paulus. Dort, in dieser Stadt, wurden die Bekenner des Namens Jesu Christi auch zuerst »Christen«, Leute des Christus genannt.

Aber das Wachsen und Festwerden der jungen Gemeinde wird gestört. Eine andere Lehre erregt die Gemüter. Eigentlich ist das, was in Antiochien von jüdischen Christen gelehrt wird, gar keine neue Lehre. Vielmehr wollen sie den Weg der Rettung noch sicherer machen. Zum Evangelium von der Gnade durch Jesus Christus lehren sie die Notwendigkeit der Beschneidung, wie sie schon Mose angeordnet hatte. Ist das kein guter Beitrag zum Wachstum der jungen christlichen Gemeinde? Die Beschneidung war und ist doch das Zeichen der Erwählung, der segnenden Zuwendung Gottes zu seinem Volk, das Siegel auf die Treue Gottes. Es ist ja nichts Gefährliches oder gar Widergöttliches, was diese Leute sagen. Es soll Hilfe und Wegweisung sein, so wie die Beschneidung durch die ganze Geschichte Israels hindurch für das Volk erinnernde Hilfe für sein besonderes Treueverhältnis zu seinem Gott war. Also ist der Kern des Evangeliums doch nicht angetastet. Hilft diese Anweisung nicht im Gegenteil zu besserem Verständnis des Evangeliums und bindet die christliche Gemeinde mit der Geschichte Israels zusammen?

Und doch, so hilfreich sind diese Zusätze gar nicht, sie sind sogar äußerst gefährdend. Die Leute aus Judäa sagen ja nicht, sie solle nur Hilfe sein, die Beschneidung, Orientierung und Einbindung, nein, sie stellen die Grundlage des Evangeliums zur Disposition: »Wenn ihr euch nicht beschneiden laßt nach der Weise Mose, so könnt ihr nicht selig werden.« Die ewige Seligkeit steht also auf dem Spiel. Die wichtigste aller Fragen ist angesprochen, nämlich die Wirksamkeit der Erlösung. Was nur als Zusatz zum Evangelium aussah, wird somit plötzlich zur ausschließlichen Heilsgrundlage. Das aber war die Beschneidung auch im Alten Testament nie. Die Beschneidung war immer Bundeszeichen, nie Bundesgrundlage. So sagt Gott zu Abraham über die Beschneidung: »Das soll das Zeichen sein des Bundes zwischen mir und euch« (1 Mo 17,11).

Überall wo sich das einnistet in der christlichen Gemeinde, dieses »Jesus und...«, da verselbständigt sich das »und« sehr schnell. Aus einer durchaus guten Hilfe zur Verwirklichung des neuen Lebens wird sehr schnell die Grundlage für solches Leben selbst. Die da von Judäa kamen, hatten den Umsturz, der in Jesus geschehen war, gar nicht mitbekommen. Sie waren einfach in den alten gewohnten Geleisen weiter gegangen und hatten nie erfaßt, welche Freiheit Jesus schenkt, der sagt: »Ich bin der Weg, die Wahrheit und das Leben, niemand kommt zum Vater, denn durch mich.« Das ist der folgenreiche Irrweg Israels bis heute. Das Volk machte aus dem Bundeszeichen, den Hilfen für den Weg mit Gott, die Grundlage des Bundes. Es sah sie als Weg selber an. Auch für Israel gilt die frei erwählende Gnade Gottes, ohne Verdienst und Würdigkeit des Volkes. Beschneidung, Sabbat, Gesetz und Gebote, sie waren Hilfen auf dem Weg mit Gott, aber nicht der Weg selber. Aus der »Dienstuniform«, um ein Bild für die Hilfen zu gebrauchen, mit der die Israeliten als Knechte des lebendigen Gottes von den Sklaven der Götzen unterschieden werden, machte das Volk einen Feierabendanzug, der ihre besondere Würde vor allen anderen respektheischend unterstrich. Statt in diesen Kleidern zu dienen, verwendeten sie alle Kraft darauf, eben diese Kleider zu pflegen.

Auch wir heute, als christliche Kirche, stehen immer wieder vor dieser Grundfrage: Jesus allein oder Jesus und ... Sie stellt sich heute allerdings in anderen Variationen als damals. Es ist nicht mehr so sehr der Versuch, eine bestimmte Sitte als heilsnotwendig festzuhalten oder das alttestamentliche Gesetz als »Gesetzlichkeit« verbindlich zu machen. Ist es nicht gerade das Gegenteil heute, was unter diesem »und« als unabdingbar für eine »rechte Kirche« gefordert wird? Jesus und ... Freiheit! Jesus und ... Selbstverwirklichung? Jesus und ... politisches, soziales Handeln! Dabei ist es so, wie damals in Antiochien. Das »und«, das als Hilfe und Zeichen des gelebten Evangeliums gemeint ist, ist durchaus christlich, biblisch und nötig, aber es kann nicht Grundlage und Bedingung der frohen Botschaft der Erlösung sein. Natürlich ist Freiheit, »christliche Freiheit«, ein Zeichen des gelebten Christseins, dafür, daß ein Mensch sein Leben auf die Gnade Jesu Christi gründet. Doch: die Freiheit ist nicht Grundlage unserer Erlösung und auch nicht die Vorbedingung zum Seligwerden, schon gar nicht die äußere Freiheit in einem demokratischen Staat. Das Evangelium leitet den Christen an, solche Freiheit zu leben in der Bindung an Christus – Freiheit kommt von »freien« gleich sich binden – und auch die politische Freiheit mithelfend zu verwirklichen. Aber die Botschaft von der Erlösung des Menschen durch Jesus entfaltet ihre befreiende Kraft auch in totalitären Staaten, auch in äußerer Unfreiheit und Bindung. Natürlich leitet das Evangelium von der Annahme der Menschen durch Gott dazu an, daß ich zu mir selber »Ja« sagen kann und ein neues Selbstbewußtsein gewinne. Aber die Kraft der tragenden Liebe Jesu Christi entfaltet sich auch und gerade beim gestörten, belasteten und umnachteten Menschen. Es ist *eine* Wirkung des neuen Lebens, wenn Menschen im Ja zu sich selber gestaltend leben und dienen dürfen. Aber selig wird ein Mensch nur durch das Vertrauen auf die rettende Gnade Jesu Christi.

Die Vollmacht der kirchlichen Verkündigung steht und fällt damit, daß wir den Grund des Evangeliums »allein aus Gnade« scharf von allen »und«, von allen Bedingungen und zusätzlichen Notwendigkeiten freihalten. Der Mensch wird selig durch die Erlösung, die uns Gottes Gnade zuerkennt, und durch nichts anderes. Alles andere ist Folge, ist Wirkung, ist Gabe des Glaubens; jedem nach dem Maß, das Gott setzt, zugeteilt. Dabei sollte sogar noch genau bedacht und geprüft werden, ob nicht vieles, was als solches »und«, als Wirkung des Evangeliums erklärt wird, nicht aus ganz anderen Quellen fließt und deswegen das Evangelium nicht nur gefährdet, sondern sogar entleert und verändert.

Deswegen muß hier gestritten werden. Wo das Evangelium in seiner Grundlage auf dem Spiel steht, kann es keine zudeckende Toleranz und ganz gewiß kein ungeklärtes Nebeneinander von rechter Lehre und falscher Lehre geben. Allerdings ist das ein anderer »Streit« als unsere menschlichen Auseinandersetzungen sonst. In der Gemeinde wird immer wieder um das Evangelium gerungen werden müssen, aber ohne Gewalt, ohne Häßlichkeit und Wut, auch ohne persönliche Angriffe und Beleidigungen. Wer sich solcher Mittel bedient, streitet nicht für das Evangelium, sondern kämpft um eigenes. Allerdings ist solcher christlicher »Streit« keine kühle Lehrauseinandersetzung theologischer Fachleute etwa. Die Lebensfrage ist gestellt und muß beantwortet werden. Da gibt es schon eine geistliche Leidenschaft. In Antiochien entstand ein Aufruhr, wörtlich eigentlich: »Wind kam auf.« Ein Sturm blies durch die Gemeinde und erschütterte sie bis in die Wurzeln. Nicht ihr Denken stand ja mit dieser Lehre auf dem Spiel. Viel tiefer ging diese Erschütterung: Die Gewißheit der Errettung, die Seligkeit wurde hier in Frage gestellt.

Paulus und Barnabas widersprechen den jüdischen Brüdern aufs schärfste. Für ihre Gegenrede steht auch das Wort Streit, in der Bedeutung »erregtes Streitgespräch« mit der Wortgrundbedeutung »prüfendes Forschen«, zwischen diesen beiden

»Parteien« steht also noch ein Dritter, nämlich der Herr selbst in seinem Evangelium. Darum wird gerungen, darum wird in aller tiefen Erregung gefragt und danach geforscht. Das gibt diesem »Streit« seinen Ernst, seine Tiefe, seine Erregung und auch seine Würde. Welch ein Wandel! Der »Eiferer im Gesetz« Saulus und der aus levitischem Geschlecht stammende Barnabas stehen gegen die jüdische Tradition. Paulus hat eine tiefgreifende Wandlung erlebt. Er steht nun ganz für den Christus: »Was mir Gewinn war, das habe ich um Christi willen für Schaden geachtet. Ja, ich achte es noch alles für Schaden gegen die überschwengliche Größe der Erkenntnis Christi Jesu, meines Herrn, um welches willen mir das alles ein Schaden geworden ist, und achte es für Kot, auf daß ich Christum gewinne« (Phil 3,8). So spricht ein Umgekehrter, einer, der ganz von Christus gegriffen ist. »Tot« ist der Pharisäer Saulus, es »lebt« der Sklave Jesu Christi.

Dieser Streit wird nicht durch die bessere Logik oder die schlagenden Argumente entschieden. Auch nicht dadurch, daß die Andersdenkenden zum Schweigen gebracht oder erledigt wurden, erst recht nicht durch die Anwendung von Gewalt. Weil hier die Grundlage der ganzen Gemeinde angegriffen ist, kann diese Frage auch nur durch Übereinstimmung der ganzen Gemeinde gelöst werden.

Nur so wird der Segen Gottes festgehalten, nicht, indem sich zum Beispiel Paulus autoritär durchsetzt – obwohl er seiner Botschaft gewiß ist; vielmehr hat die ganze Gemeinde, sogar von Antiochien übergreifend bis Jerusalem, hier Klarheit zu gewinnen.

Lernen wir hier etwas für unsere »Streite« um und am Evangelium. Es geht nicht um Personen, ihre etwaigen Führungsansprüche oder Qualitäten – zu »streiten« lohnt sich nur um das Evangelium. Dann aber auch mit ganzem Ernst. Abbiegendes Toleranzgerede und zudeckende Harmlosigkeit kann es dabei nicht geben, sonst ist das Evangelium verraten und die Dienstvollmacht der Kirche verspielt. Nicht die besseren Argumente oder die größere Beredsamkeit entscheiden, sondern allein die Treue zum Herrn und das heißt zu seinem Wort. Es geht nicht um verschiedene Frömmigkeitsstile, wie oft verharmlosend gesagt wird, oder um verschiedene Ansätze, die Schrift auszulegen. Das alles wird es immer in der Gemeinde geben. Zu »streiten« aber gilt es bei den vielen »und« auch heute um die Grundfrage: »Wie wird der Mensch selig?«

2. Jesus nach

Darum ist es ein Streit letztlich um Jesus Christus selbst. Um seinen Heilandsauftrag an uns. Gibt es neben und außerhalb Jesu Christi, wie er in seinem Wort geoffenbart und gegenwärtig ist, noch anderes Heil? Paulus und Barnabas, begleitet von einigen ausgewählten Gemeindegliedern Antiochiens, ziehen hinauf nach Jerusalem, um dort mit den Aposteln und Ältesten der »Muttergemeinde« eine für alle verbindliche Klärung zu suchen.

Es gibt schon Autorität, auch in der christlichen Kirche. Den Aposteln und Ältesten der Jerusalemer Gemeinde wird auch von Paulus solche Autorität zuerkannt. Das ist aber nur bedingt eine Autorität, die vom Amt als Apostel oder Ältester hergeleitet ist; vielmehr ist es die Autorität, die aus der Jesusnähe kommt, hier die Autorität der Augen- und Ohrenzeugen des Jesus von Nazareth, die vom auferstandenen Christus selbst in ihr Amt eingesetzt wurden. Das gilt besonders für Petrus, aber auch für den Herrnbruder Jakobus. Keiner in der Gemeinde hat Autorität einfach von Amtswegen, obwohl eine Beauftragung untrennbar zum Amt gehört. Autorität gleich Vollmacht gibt es in der christlichen Kirche, auch und gerade für den Amtsträger, nur in der Jesusnähe und das heißt heute: in der Übereinstimmung mit dem Wort Gottes.

Auch in Jerusalem wird dieses »und« heftig vertreten. Christen, die vorher zur entschiedenen jüdischen Frömmigkeitspartei der Pharisäer gehört haben, fordern: »man muß sie beschneiden und ihnen gebieten, zu halten das Gesetz des Mose.« Dabei war viel in ihrem Leben geschehen: Sie hatten Jesus als den Messias Gottes angenommen. Sie hatten sich von der offiziellen Verdammung des Mannes aus Nazareth durch ihre eigenen Schulhäupter losgesagt, waren ausgebrochen aus den verschlossenen Traditionen, die zum Selbstzweck geworden waren und hatten sich Gottes endgültigem Wirken geöffnet. Das ist viel, und sicher hatten sie auch Ausstoßung, Feindschaft und Drohung ertragen müssen.

Und doch, noch hatten sie nicht vollständig kehrtgemacht, noch nicht allem abgesagt, was sie bis dahin geglaubt und worauf sie bis jetzt ihr Vertrauen gesetzt hatten. Das umstürzende Neue, das Jesus gebracht hat, das bleibt ihnen noch verschlossen. Jesus hat das Gesetz erfüllt, nicht abgeschafft, da haben diese Judenchristen recht. Was heißt aber dieses »erfüllen«? Doch wohl dies: Jesus hat das Gesetz vollständig gelebt und gehalten, »er ist des Gesetzes Erfüllung«, das meint doch: In seinem Leben, Leiden und Sterben, an seinen Worten und Taten wird Sinn, Zweck und Gehalt des Mosegesetzes erst recht erkannt. Das Leben Jesu ist die vollgültige Auslegung des Gesetzes. Wer also mit Jesus lebt, der lebt damit auch das Gesetz. Inhaltlich sagt Jesus selbst das so: Liebe zu Gott und Liebe zum Nächsten, das ist das ganze Gesetz zusammengefaßt. »Die Liebe ist des Gesetzes Erfüllung« schreibt Paulus an die Römer (Röm 13,10). Gerade aber diese Liebe fehlt in der Forderung: »Man *muß* sie beschneiden und ihnen *gebieten...*« Die Liebe fordert und zwingt nicht, sie legt »kein Joch auf die Hälse, das weder unsere Väter, noch wir haben tragen können.« Hier ist Zwang Gewalt und Vergewaltigung. Die Liebe Jesu Christi, die ausgegossen ist in die Herzen der Jünger dagegen, weckt in dankbarer Gegenliebe Gehorsam und führt so in das erfüllte Gesetz. Das Gesetz ist für die Jünger Jesu nicht vergangen und bedeutungslos geworden; es bleibt in Kraft, denn es ist der gute Wille Gottes, daß wir leben sollen. Doch hat das Gesetz unter der Liebe Jesu seine zwingende, strafende Gewalt verloren. Der Jünger ist Kind Gottes und nicht mehr Knecht.

Die Apostel und Ältesten in Jerusalem berieten die Frage, wörtlich »sie versammeln sich, um zu sehen.« »Sehen« steht hier zunächst im Sinn der erinnernden Wahrnehmung, also »sehen, was Jesus da gesagt hat«, dann auch im übertragenen Sinn »durchsehen, erkennen«. Das ist wichtig: Die Antwort auf diese Frage suchen die Leiter der Gemeinde nicht in sich selber, nicht in ihren eigenen Gedanken, Meinungen und Traditionen, sondern sie wollen »sehen«, erkennen, was Jesus ihr Herr dazu sagt. Das ist kein leichter Vorgang, »da man sich aber lange gestritten hatte«, auch hier führt diese Frage in die Tiefe und in eine gespannte Erregung, doch darf das »gestritten« nicht mißverstanden werden; noch einmal deshalb: das griechische Wort redet vom erregten, prüfenden Forschen und Fragen, nicht von persönlichem Angriff, Anschuldigungen und von Verurteilen.

»Jesus nach«, so wie er gehandelt und geantwortet hat, auf dieser Spur wird die Antwort gesucht. Das lösende Wort ist dem Petrus gegeben, zu dem sein Herr gesagt hat: »Du bist Petrus, und auf diesen Felsen will ich bauen meine Gemeinde« (Mt 16,18). Petrus beruft sich auch auf seine besondere Beauftragung und Erwählung, wie sein auferstandener Herr ihn geführt hat. Sicher erinnert er hier an seine Begegnung mit dem Hauptmann Kornelius und seinen Leuten, zu der ihn der Herr in einer ausdrücklichen Anleitung bevollmächtigt hatte. In dem Gesicht schaute Petrus die Aufhebung dessen, was als rein und als unrein gegolten hatte. Er mußte seine Vorstellungen und Maßstäbe weglegen und seinem Herrn nach-handeln. So wurde auf diese Heiden der Heilige Geist Gottes ausgegossen. Das bezeugt Petrus: Gott hat doch längst gehandelt. Er hat doch klare Weisung gegeben. Gott hat Heiden sein Heil zugeeignet und keinen Unterschied gemacht. Wir brauchen ihm nur nachzugehen.

Das heißt Zeuge Jesu Christi zu sein: Gott nach-zuhandeln, seinen Weg mitzugehen und offen zu sein für seine, unsere Grenzen überwindenden Schritte. Auch Paulus und Barnabas bezeugen dieses Vorhandeln Gottes, wie er ihr Zeugnis gesegnet hat und Heiden ohne Vorbedingung den Glauben geschenkt hat.

Es ist für uns heute eine doppelte Antworthilfe, die hier gegeben wird. Einmal ist es der unentbehrliche Blick für die Heilsgeschichte Gottes durch die Zeiten. Wir fangen mit unserer Nachfolge und mit unserem Zeugnis nicht bei Null an, sondern wir leben in der Segensgeschichte der Gemeinde Gottes, umgeben von »der Wolke der Zeugen«. Immer dort, wo die Kirche ihre eigene gesegnete Geschichte leugnet, und Neuerungen der Lehre oder des Lebens eingeführt werden, die die Glaubensgenerationen vorher der Geistlosigkeit zeihen und mit Abwertungen ihrer Segensgeschichte begründet werden, da ist höchste Gefahr im Verzug. Das heißt nicht, daß wir unbeweglich sind, aber es gibt einen entscheidenden Unterschied zwischen fortlaufendem Segen und abbrechenden Neuerungen. Die »Stimme« der Väter hat für die Gemeinde Jesu entscheidende Bedeutung; wo sie unterschlagen wird, da droht bei allem Gerede das Schweigen.

Zum Zweiten geht es um das Beharren bei der Segensgrundlage, bei dem biblischen Wort. So einfach das sich auch anhören mag, so kommt doch diesem Grundsatz in allem christlichem Streit die entscheidende Bedeutung zu: Der biblische Wortlaut ist für unsere Antwort vorgegeben. Dabei geht es nicht um einen sklavischen Buchstabenglauben, sondern um die einfache Tatsache: Wo die Kirche Antworten gibt, »Evangelium« verkündigt, das dem Schriftsinn nach Buchstaben und Geist widerspricht, da ist sie nicht mehr in der Spur Jesu Christi. Jesus nach – das heißt für uns heute: in gehorsamer, sorgfältig erforschender Treue zu seinem Wort nachfolgen. Nicht die Probleme der Welt, so uferlos und bedrängend sie auch sein mögen, geben unserem Zeugnis Grundlage, sondern allein das biblische Wort. Nicht der sogenannte »moderne Mensch« bestimmt mit seinen Fragen und Denk- und Verstehensmöglichkeiten unsere Verkündigung, sondern allein das geoffenbarte Wort Gottes. Eine Kirche ist Bibelkirche oder sie ist keine Kirche.

Jakobus bekräftigt mit seinen Worten diese Antwort des Petrus. Er bezeugt die Übereinstimmung der Worte des Petrus mit dem Wort der Bibel und den alttestamentlichen Heilslinien. »Dazu stimmen der Propheten Reden, wie geschrieben steht.« Hier wird die Schriftgrundlage benannt. Dazu stimmen – symphoneo – heißt das griechische Wort, »so klingt es zusammen«, das Zeugnis des Petrus vom Handeln Gottes und das Zeugnis der Bibel. Von diesem Gleichklang und solcher Harmonie lebt unser Zeugnis. Diese Symphonie zwischen Verkündigung und Schrift ist lebensnotwendig für die Gemeinde Jesu Christi.

Was sagt nun die Schrift zu dieser Frage? Sie redet zum ersten von der Treue Gottes, die trotz aller Schuld und allem Versagen seines erwählten Dienstvolkes Israel das Reich des Heiles aufrichten wird. Das ist in Jesus Christus geschehen. Dann aber wird ausdrücklich die Teilhabe der Heidenvölker an diesem Reich vorausgesagt, und zwar unter dem Vorzeichen »über welche mein Name genannt ist«.

Dieser Name heißt Jesus Christus, und er wird als Gotteskraft den Heiden verkündigt, dadurch werden sie Bürger des Reiches Gottes. Auf diesen Namen lassen sie sich taufen und unterstellen sich damit seiner Herrschaft. Was braucht es mehr? So ergänzt das Zeugnis der Gottesboten Amos und Jesaja das Bekenntnis des Petrus: »Vielmehr glauben wir, durch die Gnade des Herrn Jesus selig zu werden, gleicherweise wie auch sie.« Im Namen Jesu Christi liegt die errettende, erlösende Kraft und nicht noch im Gesetz und in der Beschneidung. Nun ist Symphonie, Gleichklang, Übereinstimmung da. Der Streit mündet in die Harmonie. Nun kann geantwortet werden.

3. Jesus mit seiner Gemeinde

Apostelgeschichte 15 wird immer wieder mißbraucht. Dieses Kapitel muß dafür herhalten, daß gesagt wird: »Es gab schon in der Urgemeinde verschiedene Theologien« oder milder »verschiedene Frömmigkeitsstile«. Oder »der Streit gehört zur Gemeinde« und »man kann doch gut nebeneinander leben, einander respektieren und stehenlassen«. Mit solchen Sätzen wird dieses Kapitel gründlich verkannt und verbogen.

Ja, das sind schon zwei verschiedene Theologien, dieses »allein die Gnade Jesu Christi« oder »Jesus und ... Beschneidung und Gesetz«. Deshalb wird hier auch gestritten. Es sind zwei »Theologien«, aber bleiben sie einfach nebeneinander stehen? Hält man »eben Spannung aus«? Nein – darum wird gestritten und dann nach der Schrift und dem Zeugnis des Wirkens des Heiligen Geistes vollmächtig und endgültig entschieden, daß die »Theologie« der Judenchristen von Gesetz und Beschneidung nicht dem Evangelium gemäß ist. Apostelgeschichte 15 ist geradezu der Erweis dafür, daß man zwei solch gegensätzliche Positionen nicht einfach in der Kirche stehenlassen kann, sondern daß Beurteilung und Klärung in endgültiger Abweisung falscher Lehre nötig ist. Es sind mehr als verschiedene Frömmigkeitsstile, die hier aufeinander treffen und gegenseitig respektiert werden sollten. Es geht um die Grundlage des Glaubens, deshalb muß »gestritten« werden. Der »Streit« gehört zur Gemeinde, aber nicht als Selbstzweck. Es ist schwer, wenn er geführt werden muß. Es ist gefährlich, wenn er bei solchen Grundfragen nicht geführt wird. Es ist notvoll und Zeichen der Versuchung, daß er geführt werden muß. So kann man nicht nebeneinander leben und einander respektieren, so kann das nicht stehenbleiben. Wenn Leute kommen und anderes lehren, als das Evangelium sagt, dann ist der Streit notwendig.

Freilich, wir müssen sehr aufmerksam sein in der Kirche. Streiten wir an der rechten Stelle? Sind wirklich Grundfragen berührt? Und streiten wir in rechter Weise? Nur – gerade Apostelgeschichte 15 ist weder ein Freibrief für das »Streiten«, so daß damit jede Auseinandersetzung gerechtfertigt wäre. Dieses Kapitel ist aber erst recht nicht ein Beleg für christliche »Toleranz«, wo eben verschiedene Theologien und Frömmigkeiten miteinander stehenbleiben können.

»Der Heilige Geist und wir!« haben beschlossen. Das ist ein großes Wort, ein Satz, der uns schwer über die Lippen kommt, was unsere geistliche Not kennzeichnet. Es heißt nicht: der Heilige Geist und ich. Das »wir« bezeichnet deutlich die Lehrinstanz der Kirche, nämlich die Übereinstimmung in der Gemeinde. Wir erfahren in Apostelgeschichte 15 nichts über die judenchristlichen Brüder. Ist es überzogen, wenn wir folgern, daß sie auch in diesem »wir« eingeschlossen sind? Daß sie nicht ausgestoßen werden mußten aus der christlichen Gemeinde, weil sie ihre falsche Lehre erkannten? Im 2. Kapitel seines Briefes an die Galater greift Paulus diese Frage noch einmal auf: selbst gegenüber dem Apostel Petrus hält er unerschrocken die christliche Freiheit ohne Beschneidung und jüdische Vorschriften fest. Er tadelt ihn sogar öffentlich und mahnt ihn zu ungeheuchelter Nachfolge.

Ein Beschluß ergeht in der Vollmacht des Heiligen Geistes, der für die Kirche von folgenreichster Bedeutung wird. Jakobus spricht ihn aus, er, der als anerkannter und besonders frommer Judenchrist eine »Säule« der Jerusalemer Gemeinde, wohl deren Leiter war. Er sagt als erstes, daß man die Heiden, die sich zu Gott bekehren nicht bedrücken soll, ihnen also keine Lasten, wie sie Gesetz und Beschneidung bedeuten, auflegen soll. Das »Joch« Jesu Christi ist keine drückende, zwingende Last; es ist sanft und leicht, es ist das Joch der Liebe und nicht des Gesetzes. Die Apostel und Ältesten urteilen also nach dem Wort Jesu. Nachfolge ist der Ruf in den Gehorsam der Liebe und nicht ein Einfangen unter die Last des Gesetzes. Eben diese Liebe aber, in Jesus uns ganz zugewendet und uns damit zur Liebe erweckend, bindet uns hinein in die Gemeinde derer, die den Herrn Jesus liebhaben.

Vier Leitlinien nennt nun Jakobus: »Sie sollen sich enthalten von Befleckung durch Götzen und von Unzucht und vom Erstickten und vom Blut.« Ist das nun nicht doch ein Kompromiß? Die Heidenchristen sollen zwar frei sein vom Gesetz und der Beschneidung, aber wesentliche Stücke eben doch auferlegt bekommen? Die Freiheit vom Gesetz ist ja Erfüllung des Gesetzes, weil Christen an Jesus Christus gebunden sind. Und Erfüllung des Gesetzes drückt sich aus in der ungeteilten Liebe zu Gott und in der Liebe zum Nächsten. In diesen, von Jesus selbst aufgezeigten beiden Grundlinien sind aber diese vier »Enthaltungen« eingespannt, mehr noch, sie sind Verdeutlichungen des erfüllten Gesetzes, praktizierte Schritte der Erfüllung.

Das erste Gebot ist die Überschrift des ganzen Gesetzes: »Ich bin der Herr, dein Gott, du sollst keine anderen Götter neben mir haben.« Alle anderen Einzelgebote sind Ausführungen dieses ersten. Das ist seine Zusage, »ich bin der Herr, dein Gott«; der entspricht die ungeteilte Liebe auf seiten des Menschen. Ungeteilt – das aber meint gerade die Absage an alle anderen, sich anbietenden Götzen. Darum sollen auch die Heidenchristen vom Götzenopfer lassen. Ihre Umwelt war ja nicht religionslos, sondern vielfach durchdrungen von Religionen, Kulten und Götzenverehrung, die das ganze tägliche berufliche, gesellschaftliche und persönliche Leben bestimmten. Bei fast jedem Anlaß im öffentlichen, gesellschaftlichen Leben waren Opfer an bestimmte Götter zu vollziehen. Hier sollten die Heidenchristen eindeutig leben, alternativ leben, als Zeugen Jesu Christi dessen alleinige Ehre bezeugen und wahren.

Das erste und das sechste Gebot hängen eng zusammen, denn die meisten Götzen, schon im alten Orient und der Umwelt Israels, waren Fruchtbarkeitsgötter und ihre Verehrung war deshalb oft mit geschlechtlichen Handlungen verknüpft. Bezeichnet das erste Gebot – entsprechend die erste »Enthaltung« – die entschlossene Abkehr von allen Götzen, das Vertrauen auf Gott allein und die Wahrung seiner Ehre, so benennt die zweite »Enthaltung« die ebenso entschlossene Hinkehr in die Nachfolge und den Dienst. Der Leib des Christen ist »Tempel des Heiligen Geistes« und steht mit seinen Kräften und Gaben dem »Gottesdienst« bereit. Unzucht, das ist Leben der Gabe der Geschlechtlichkeit außerhalb der guten Ordnung Gottes, der Ehe. In beiden also, in der Abkehr von den Götzen und in der Abkehr von der Unzucht verwirklicht sich die erfüllende Grundlinie des ganzen Gesetzes: »Du sollst lieben Gott, deinen Herrn, von ganzem Herzen, von ganzer Seele und von ganzem Gemüte« (Mt 22,37).

»Das andere aber ist ihm gleich, liebe deinen Nächsten, wie dich selbst« (Mt 22,39). Dieser zweiten Grundlinie des Gesetzes entsprechen die beiden nächsten »Enthaltungen«: nichts Ersticktes zu essen, also Fleisch, das nicht ausgeblutet ist. Das ist Zeichen des Wissens um die Ursache des Todes, nämlich die Sünde. Israel hat in diesem Einzelgebot die »Unnatürlichkeit« des Todes, jedes Todes festgehalten. Der Tod ist durch die Sünde in die Welt gekommen und ist tiefste Zerstörung der guten Schöpfung Gottes. In diesem, zunächst oberflächlich anmutenden Gebot stellt sich der Mensch hinein in die »Solidarität der Sünder«, noch mehr, er bekennt in Demut seine Grundschuld am Verderben der ganzen Schöpfung. Das Verhältnis zum Nächsten ist von daher für den Christen geordnet.

Nicht deswegen nehmen wir einander an, weil wir von solcher liebenswerten Qualität wären – wir sind vielmehr alle in »derselben Verdammnis« –, sondern wir stehen gemeinsam in Schuld und deswegen hilfsbedürftig vor Gott. In beiden Enthaltungen – auch dem Verbot des Blutgenusses – wird im Tiefsten das fünfte Gebot ausgelegt. Das Blut ist der Sitz des Lebens und jedes Leben gehört Gott. Das »Erstickte«, das ist die negative Erinnerung »der Tod ist der Sünde Sold«, und das Blut, das ist das positive Bekenntnis, alles Leben gehört Gott, er ist der Herr des Lebens.

Damit ist den Heidenchristen in praktischen Anleitungen die »Tiefe« des Gesetzes als der Heilswille Gottes an die Hand gegeben. Sie sind damit aber auch hineingenommen in die Bindung an das Volk Gottes, an Israel. Besonders die Speisevorschriften der beiden letzten »Enthaltungen« drücken die Achtung vor der gewachsenen Tradition als bekennendes Zeugnis zum Gott der Juden aus. Brüderliche Einigkeit und Liebe, das ist die erste Verdeutlichung und *das* Bewährungsfeld der Nächstenliebe. Den Heidenchristen wird ein Verzicht um der jüdischen Brüder willen zugemutet. So wird die entstandene Streitfrage gelöst.

Für die christliche Gemeinde bis heute bleibt diese Antwort bestimmend. Wenn auch die Verdeutlichungen des Doppelgebotes der Liebe gewechselt haben. Götzenopfer sind heute nicht mehr so leicht als solche erkennbar. Die Götzen tragen andere Namen, angefangen von Lebensstandard, Moral, Geld, bis hin zur Ideologie und Gesundheit. Auch für die Christen unserer Tage ist deshalb ein »alternativer« Lebensstil Bekenntnis der alleinigen Herrschaft Gottes.

»Ersticktes und Blut«, das galt als Festhalten der Gemeinschaft im praktischen Umgang mit den Brüdern aus der jüdischen Tradition. Die Aufgabe bleibt für die Christen heute bestehen, besonders in der Zerrissenheit der Gemeinde, daß wir aneinander festhalten, die Nächstenliebe in der Bruderliebe einüben und im Verzicht einander unsere Offenheit zeigen. Solcher Verzicht kann heute zum Beispiel in liturgischer Offenheit und in der Bereitschaft zum Überdenken theologischer Positionen bestehen. Er wird aber auch ganz »leiblich«

sichtbar werden, etwa in unserer Bereitschaft zum Teilen unserer Güter, bis hin zu bestimmten Regeln beim Essen. Wer schon einmal mit Christen in moslemischen Ländern Gemeinschaft gesucht hat, der weiß, daß gegenüber ihnen der brüderliche Verzicht in einer Enthaltung von Alkohol und Rauchen besteht. Die Konkretionen wandeln sich, bestehen aber bleibt diese doppelte Grundlinie des in Freiheit gelebten Gesetzes.

Neben Paulus und Barnabas werden noch Judas Barsabas und Silas mit einem brüderlichen Schreiben nach Antiochien geschickt, um die dortigen Christen hineinzubinden in die große Gemeinde des Christus und der Unruhe ein Ende zu machen. Ein weises, von brüderlicher Liebe zusammengefügtes Paar, das schon in seinen Personen die unteilbare Gemeinschaft zwischen Juden- und Heidenchristen verkörpert. Judas Barsabas, wahrscheinlich ist sein Name als »Preis des Sabbats« zu deuten. Er ist, wie dieser Name zeigt, aus einem tieffrommen jüdischen Haus, hat zu Jesus gefunden und ist in der Jerusalemer Gemeinde ein angesehener Mann geworden. Und Silas, ein Römer, mit jüdischem Hintergrund, dessen lateinischer Name, auf hebräisch Saul, also der »Erbetene« heißt. Diese beiden überbringen den Gruß der Gemeinde in Jerusalem und die Versicherung ungeteilter Gemeinschaft unter dem gleichen Herrn.

»Gehabt euch wohl« – eigentlich wörtlich »bleibet stark«, so schließt der Brief, denn der Herr ist ihre Stärke. Ein Sturm falscher Lehre hatte die Gemeinde in Antiochien durchgeschüttelt. Nun seid und bleibet stark, das ist der Wunsch, daß sie tiefe Wurzeln im Evangelium haben. Nun wurde die Gemeinde des Zuspruchs froh, die Jerusalemer Gemeinde war ihnen beigestanden und stärkte sie durch Brüder.

Apostelgeschichte 15 beginnt mit einem Sturm, der an die Grundfesten christlicher Lehre und Lebens rüttelt. Darum muß hier gestritten werden, gesucht werden, geforscht werden, geklärt und entschieden werden. Eine Kirche kann nicht ständig im peitschenden Sturm leben, sonst geht sie zugrunde. Apostelgeschichte 15 endet deshalb in brüderlicher Eintracht und Einigkeit, in klaren Entscheidungen und aufbauender, vertiefender Lehre. So kann die Gemeinde wachsen.

Hänssler-Bücher...
Zielbewußt im Durcheinander unserer Zeit!

Hänssler-Bücher...
Zielbewußt im Durcheinander unserer Zeit!

Bestell-Nr. 55058
Kurt Hennig, Gott ist nicht liberal
EDITION C-Taschenbuch, 64 Seiten

Biblische Thesen zu Hauptworten der Gegenwart. Friede, Gewalt, Versöhnung, Gewissen... Schlagworte, über die sich die Gemüter erhitzen, über deren Verständnis gestritten und gekämpft wird. Die sachlich-biblische Basis dieser Ausführungen bietet entscheidende Klärungen für interessierte Zeitgenossen.

Bestell-Nr. 70325
Volkhard Scheunemann, Fremdes Feuer auf Gottes Altären
TELOS-Taschenbuch, 63 Seiten

Christlicher Glaube und Gemeinden in Europa sind müde geworden. Die vorliegenden Thesen plädieren für eine Erneuerung auf der Basis biblischer Aussagen. Sie rufen heraus aus der Diesseitsbezogenheit des Lebens ohne Gott.

Bestell-Nr. 55356
Kurt Hennig, Esslinger Predigten
EDITION C-Paperback, 240 Seiten

Die Predigten des in der EKiD mitarbeitenden Pfarrrers »über Gott und die Welt« nehmen Stellung zu Hauptworten, Reizworten, Ängsten und Sehnsüchten unserer Tage. Privates und Öffentliches kommt in den Predigten vor, denen es um die Sendung von Christen in die Welt geht.

Bestell-Nr. 71126
Winrich Scheffbuch, Wer Jesus hat, hat das Leben
TELOS-Paperback, 768 Seiten

Lebendig in Stil und Sprache bietet das Andachtsbuch gute Möglichkeiten, mehr über Jesus Christus und das Leben als Christ zu erfahren. Es ist thematisch aufgebaut und spricht Christen wie Menschen auf der Suche nach Gott gleichermaßen an.

Bitte fragen Sie in Ihrer Buchhandlung nach diesen Büchern!
Oder schreiben Sie an den Hänssler-Verlag, Postfach 1220,
D-7303 Neuhausen-Stuttgart